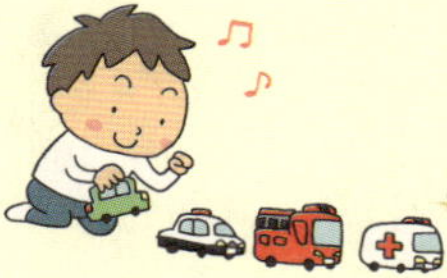

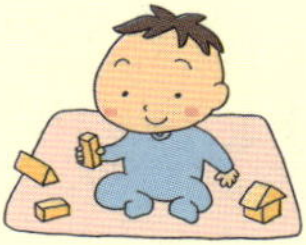

男の子の一生を決める
0歳から6歳までの育て方

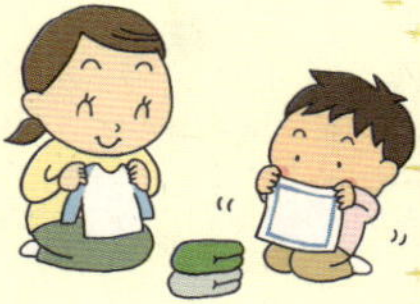

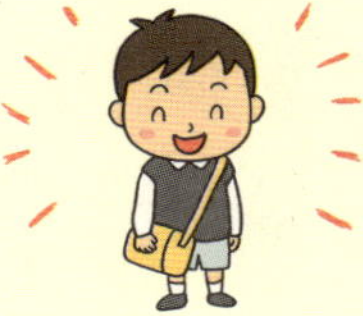

竹内エリ

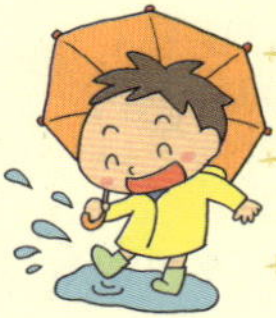

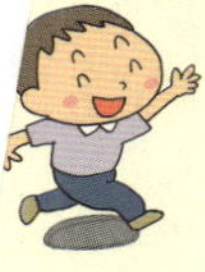

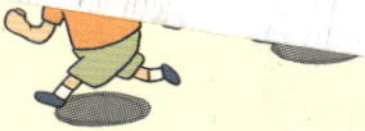

中経の文庫

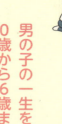

はじめに

お母さんがわからない男の子を育てるコツって？

最近、高校・大学を卒業した子どもが、「何がしたいかわからない」といって家に閉じこもったりすることが増えています。自分のやりたいことがわからず、意欲もわかない。子どもにとっても、親にとってもつらい状態です。

うちの子、大丈夫かな？　このまま育てていって、いいんだろうか。子育ての情報があふれかえり、社会状況も目まぐるしく変わる中で、親として不安になることもしばしばでしょう。

自分の**子どもには健康で幸せになってほしい。**明るく元気に、みんなと仲良くし、学校も楽しんで、進学し、ひいては力強く社会に旅立ち、貢献し、必要とされる人間になってほしい――。

親だったら、誰だってそう思います。

それでは、どうしたら大人になって親に依存せず、たくましく羽ばたいていく男の子を育てることができるのでしょうか。

12000人の
子どもを見てきて
わかったことが
あります

私は20年近く、子どもの成長をずっと研究してきました。

小さな赤ちゃんから大学生まで、幅広く１２０００人という子どもの成長を見てきました。

どんなことが子どもの成長に大切なのか、さまざまな文献を読み、調査をし、研究を重ね、多くの事例を見てきました。

そして、私自身、男の子を２人育ててきて、わかったことがあります。

それは、**男の子と女の子は、それぞれ違った性質があること。**

お母さんがそれぞれの性質を伸ばすように育てれば、子どもも親も苦労することなく、能力をスムーズに伸ばせる、ということです。

それでは、男の子を育てるポイントは、何でしょうか？

それは……。

男の子に「ダメ！」と言いすぎていないか

そのポイントとは、「男の子に禁止ばかりしていないか」ということです。

男の子ってどうしてこんなことをするんだろう？

お母さんにとって、男の子の行動は理解できないことがいっぱいです。箸《はし》で部屋中のものをたたいたり、高い所から飛び降りてみたり。はらはらして、とても見ていられず、思わず「ダメ！」と叫んだことがあるお母さんも多いのではないでしょうか？

ところが、男の子の場合、**できるだけ「ダメ！」と言わないで、やらせる。**そして、失敗させて経験させることが大切なのです。できるだけやりたいことを尊重してやりましょう。男の子の学びの力は「やる気」で育ちます。このやる気の芽をそぐと、大人になって「それやったって、どうせ失敗する」「僕にはできない」と行動に移す前にできないと言ったり、諦《あきら》めたりするようになってしまうのです。ひいては、社会で生きるのに大切な忍耐力や適応力がない大人になり、家にひきこもることもあるのです。

男の子は失敗してみて、物事の性質を理解する。どんどん失敗させよう

やる気とは、興味を持ったことをすぐにやってみることの繰り返しによって育ちます。とにかくたくさんのことを、どんどんやりたいようにやらせることが大切です。今は目には見えませんが、**多くのことにトライすることによって大人になったとき必要な能力を身に付けるのです。**

また、男の子は失敗をするまで、物事がどういう性質になっているかを把握しないことが多いのです。まずは、やってみて、失敗してからはじめて、これはいけないんだ、これは痛いんだとわかるのです。これが最初から失敗しないでいると、**少し大きくなったときに危険をおしはかることができなくなり、困ることがあります。**

例えば、2、3歳頃から、少しでも高い所から飛び降りることを禁止していたとしましょう。すると、小学生頃になってからいきなり、高い跳び箱から落ちてけがをする、というようなことが起こるのです。

とにかく、体験させてやる気をはぐくむ。これが男の子に大切なことです。

要領がよくないように
見えるけど
女の子より成長が
ゆっくりなだけ。
あとで追いついてくる

「となりの女の子は同じ年齢なのに、すっごくペラペラしゃべる。それに比べてうちの子は……」

「うちの子は言うことをちっとも聞かないわ。それに比べて、同じ保育園のりさちゃんは、小学生みたいにしっかりして」

男の子を女の子と比べて、あせったり、落ち込んだりしていませんか？

男の子は人から指図されたり、型にはまったやり方を押しつけられるのが苦手です。それは人の言うことに耳を傾け、物事をよく理解してから行動する女の子とは違います。時に無意味に見えるような行動を繰り返したり、夢中になったと思ったらすぐに飽きて次のことをします。人のアドバイスを聞かず、いろいろなことをやってみるので時間もかかります。そのため、すべての発達において女の子の方が早く感じられるのです。しかし、心配しないでください。**男の子は、ゆっくり成長するのです。**12歳くらいまでには追いついてきます。

男の子のわんぱくは
社会を渡り歩く土台。
この芽を摘まないこと

6歳までの時期に男の子は学びのエネルギーを蓄えています。そして女の子よりも少し遅れてその成果が出てきます。とにかく気になったことは自分で試し、追求していきます。社会に出て、学校では習ったことのない事柄に直面したときに、この力が発揮されます。

男の子は、女の子のように人に聞いてやり方を学ぶのではなく、**自力でトライアンドエラーを繰り返して道を切り開く生き物なのです。**この冒険心をはぐくんでやることが、男の子を育てるにあたってものすごく大切です。逆にわからないことを人に聞くといったコミュニケーション能力は女の子の方が伸びるので、この自力で道を切り開く力を伸ばしておかなければなりません。

この時期にやる気の芽を摘まれた子ども、つまり、あまりに「ダメ！」と行動を制限された子どもは、好奇心が乏しく、学びへのエネルギーが不足しがちになり、何をやってもつまらなそうに、言われたことだけをこなすような子どもになってしまいます。

2歳、4歳、5歳は
手がかかる。
この時期に頑張れば、
あとの子育てが
すごく楽になる

2歳、4歳、5歳の頃、男の子はすごく手がかかります。1歳の終わり頃から2歳は何を言ってもイヤイヤばかり言うようになります。初めての反抗期、自我が芽生える時期です。さらに3～4歳くらいで自立心がより強く出てくるようになります。自分のやりたいことを自分のやりたいようにしたくて仕方がなく、「僕がやる」「僕がやる」とすべて自分でやりたがります。時間がないお母さんからすれば、手がかかるので、ため息をつくこともしばしば。4～5歳は、よりわがままが強くなります。「おもちゃ、買って！」と店頭で大騒ぎするのもこの頃です。

しかし、**この時期がお母さんの頑張りどころ。**このときに、それぞれの年齢に合った対処をして、好奇心を育て、自立と責任、心のコントロールができるように導くと、その後の子育てはずっと楽になります。子どもが自分で自分のことをできるようになり、わがままに自分で折り合いをつけられるようになるからです。

この時期に自立心を大切に育ててあげると我慢強く思いやりのあるたくましい子に育ちます。こうした子は目標を持つようになり、問題にぶつかっても自分の力で乗り越えていけるようになります。

「学ぶ力」と
「社会を生き抜く力」。
人間力を育てる
2つの要素

子どもにとって大切なのは、「学ぶ力」と「社会を生き抜く力」です。

「学ぶ力」は勉強するなどの力で、自分で生きていくために本を読み、情報を得、要求にこたえる仕事をするなどの土台になる力です。

「社会を生き抜く力」とは、対人関係や交渉など、いわゆる「学校では学ばない」実社会で生き抜くための力です。

「学ぶ力」と「社会を生き抜く力」を身に付けた子どもは、大人になって貢献の力を発揮します。人のために役に立つことに喜びを感じ、自ら学び、挑戦していく人になります。

何に対してもやる気を持ち、集中し、能力を発揮する子どもを育てるために、まず、「学ぶ力」をはぐくんでやることが大切です。興味を持ったことを実行し、経験を通して理解していく力を付けるのです。

この力は具体的には、**「好奇心・やる気・集中力」**となります。主に、0～2歳までにこの力を付けていきます。子どもはある程度の安定した生活環境に置かれると、よりよい生活を求めてさまざまなことに興味を示し始めます。これが「好奇心」です。

そしてすぐにそれが何であるのかを確かめるために行動に移します。物を口に入れたり、たたいたりするのがそうした行為です。何でもやってみることは「やる気」を育てます。

そしてそれが何のためにあるのかを理解する過程で「集中力」が養われます。やりたいことはできるだけやらせる。そうすることで、集中力を養うチャンスが得られるのです。この好奇心、やる気、集中力が「学ぶ力」のもとになります。

そしてこの3つは、さらに違う興味を持ち、また試し、より深く理解するといったように繰り返されます。この繰り返しが「学びのサイクル」であり、子どもの能力を引き出すために最も必要なものなのです。

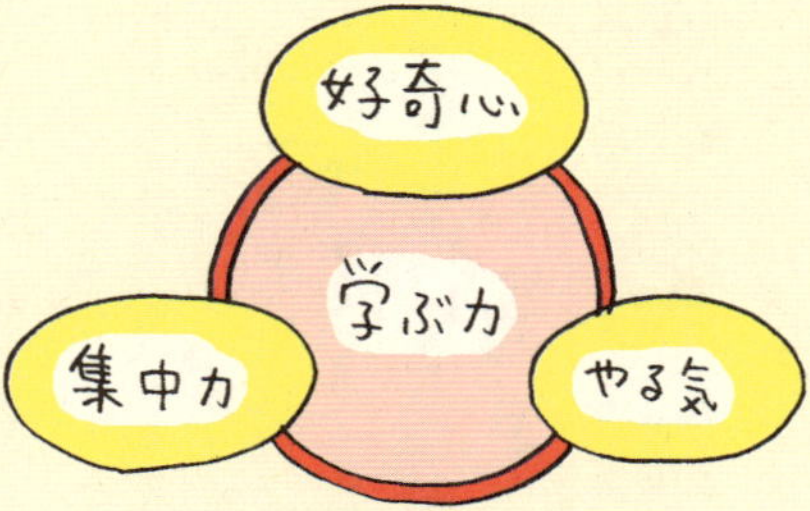
好奇心
学ぶ力
集中力
やる気

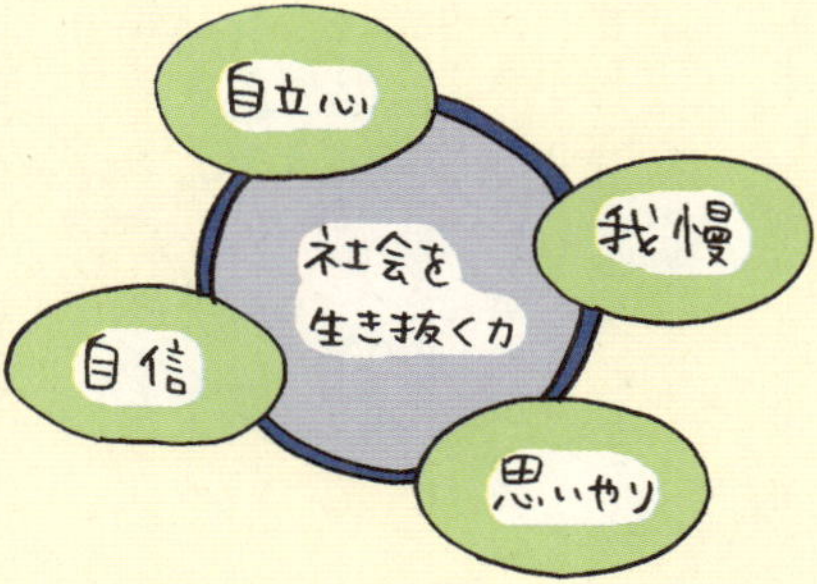
自立心
社会を生き抜く力
我慢
自信
思いやり

「学ぶ力」「社会を生き抜く力」
どちらも大事だよ！

学ぶことの喜びを知った子どもは人や社会とのかかわり合いの中で、学んだことを試そうとします。自分の力で生きていくために、目指す目標を定め、進もうとします。

進むためには自分でどうやるのかを考えなくてはいけませんし、うまくいかなくても試行錯誤し、努力をしていかなくてはいけません。時には人の助けも必要でしょう。そうした過程を繰り返すうちに自己を確立し、社会に貢献できる大人へと成長していきます。

それが「社会を生き抜く力」、具体的にいえば**「自立心・我慢・思いやり・自信」**です。3～6歳のうちにこの力が育ちます。

自分でやってみようという気持ちが「**自立心**」です。自分でやってみて、できないことを体験したり、約束など守らなければいけないことを実感することで、「**我慢**」することを覚えます。時には一人で乗り越えられないつらさを体験し、痛みを知ると他人への気遣いである「**思いやり**」を学びます。そしてすべての経験が「**自信**」となって蓄積されていきます。この「自立心・我慢・思いやり・自信」が社会を生き抜いていくためのエネルギーとなります。

このような過程を経る中で、成長することの喜びを知った子どもは、成長すること自体を生きるためのエネルギーとし、どんな状況に置かれても頑張れるようになります。これが「成長のサイクル」です。学び続け、成長し続ける。この姿勢を身に付けさせること。それがかしこく、たくましい子どもに育てるための秘訣《ひけつ》です。

子育ての
7つのステップを
1歳ずつ
上っていこう

6「自信」が育つ

5「思いやりの心」が育つ

4「我慢する心」が育つ

3「自立心」が育つ

2「集中力」が育つ

1「やる気」が育つ

0「好奇心」が育つ

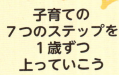

子どもは「学ぶ力」の3つの要素と「社会を生き抜く力」の4つの要素を段階的に7つのステップで1歳ずつ、1つひとつ身に付けていくのが望ましいのです。それぞれの年齢であせらず、子どもに身に付くように対応していくと、男の子の能力をスムーズに伸ばすことができます。

ステップ0　0歳「たのしい」という体験をする➡「好奇心」が育つ
ステップ1　1歳「できた」という体験をする➡「やる気」が育つ
ステップ2　2歳「わかった」という体験をする➡「集中力」が育つ
ステップ3　3歳「やってみたい」という体験をする➡「自立心」が育つ
ステップ4　4歳「がんばる」体験をする➡「我慢する心」が育つ
ステップ5　5歳「ありがとう」と言いあえる体験をする➡「思いやりの心」が育つ
ステップ6　6歳「やり抜いた」と思える体験をする➡「自信」が育つ

ステップ0

好奇心を育てる 0歳〜

0歳は「好奇心」を育てる段階です。男の子の才能はとにかく楽しいという思いから引き出されます。興味がわくように、五感を刺激しましょう。色のはっきりした絵本を見せて、視覚を刺激したり、楽器の音を聞かせて聴覚を刺激したりしましょう。スキンシップも十分にして、触覚を刺激しましょう。外に出たら、木のにおいや花のにおいをかがせるといいでしょう。

- ☑ 抱っこしたり、体をなでる
- ☑ たくさん話しかける
- ☑ いろいろな心地良い音を聞かせる
- ☑ 表情豊かに身振りを大げさに接する
- ☑ はっきりした色のおもちゃを与える
- ☑ 心地良い自然のにおいをかがせる

ステップ❶

やる気を育てる 1歳〜

1歳は「やる気」を育てる時期です。とにかく、「できた！」という体験を積み重ねさせることで何にでもトライしてみようという性質が備わるようになります。一方、男の子は人から強制されたり、邪魔されたりすると、すぐにやる気をなくしてしまいがち。やる気がある子にしたいなら、本人が楽しいと思うことをたくさんさせましょう。

- ☑ ちょっとした成長を「できたね！」と認める
- ☑ 「ダメ」と言いすぎない
- ☑ 「危ないよ」「痛いよ」と伝える
- ☑ おもちゃを渡したら、どう遊ぶか観察する
- ☑ 夢中になっているときはそっと見守る
- ☑ しっかり「ハイハイ」をさせる

ステップ2

集中力を育てる 2歳～

2歳は、「集中力」を育てる時期です。女の子に比べて男の子は気が散りがちなので、意識して集中力を身に付けさせなければいけません。集中力が必要なのは、持っている能力を引き出し、十分に発揮させるためです。そのために、とにかく本人が楽しいことを好きなようにやらせて集中する環境をつくらなくてはいけません。自然の中に連れ出して、興味の趣《おもむ》くままに体験をさせるのが一番いいのです。一度集中することの快感を知れば、何にでも集中できるようになるのです。

- 自然の中で自由に遊ばせる
- 興味があることをやらせる
- 一人遊びをしているときはそっとしておく
- 「さみしい」「悔しい」という言葉を教える
- 「手伝って」「助けて」という言葉を教える
- 走ったり転がったりという運動をさせる

ステップ❸ 自立心を育てる 3歳〜

3歳は、「自立心」が芽生える頃です。男の子は本来自立を好みます。自分で何でもやりたいというので時間がかかって仕方ないのですが、やりたいようにやらせてみて、失敗したら、責任のとり方を教えます。例えば、牛乳を注いでこぼしたら、雑巾《ぞうきん》でふく、という責任のとり方を教えるのです。根気がいりますが、このステップを親が丁寧に対応してクリアすると、自立と責任をセットで身に付けるようになります。

- 自分で「やる！」と言ったらやらせてみる
- けんかの解決で交渉力を学ばせる
- 失敗したら、後始末の仕方を教える
- 自分で処理させて、責任感を育てる
- 子どもの言葉を繰り返してあげる
- 心を傷つける叱り方はやめる

ステップ4

我慢する心を育てる 4歳～

4歳は、「我慢する心」を育てる年齢です。もともと自立を好む男の子には特に意識して我慢を教えなくてはいけません。我慢のできない子は自分の言ったこと、行動に責任が持てなくなり、やり遂げる力が身に付きません。一度自分がやる、守ると言ったことは、きっちり守らせ、妥協をしないことです。「お菓子は1週間に1個だけ買う」と約束したら、絶対に、2個以上買わないことです。自分でやろうと決めたことに対しての我慢は、最終的には忍耐力を育てます。

- ☑ 子どもと話し合ってルールをつくる
- ☑ そのルールを守らせる
- ☑ 約束を破ったら静かにさとす
- ☑ 冷静に「やり遂げるまでずっと見てあげるね」と言う
- ☑ 要求にはまず、「いいよ」と言う
- ☑ 因果関係を会話の中で教える

ステップ5

思いやりの心を育てる5歳～

5歳は、「**思いやりの心**」を育てるとき。男の子は自分の意思で突き進むことを好むため、人に助言を求めたり、指摘されることが好きではありません。そこで、人と協調し、さらに能力を発揮するために、意識して思いやりの心を育てなくてはいけません。本物の思いやりを育てるには人の痛みを知る必要があります。1ステップ前の我慢のステップを十分に経験させてください。つらい体験をすることではじめて、人をいたわる気持ちが芽生えてくるのです。

☑苦労した経験により他者へのいたわりが生まれる
☑挑戦させて悔しい体験をさせる
☑乱暴な子には「ごっこ遊び」をさせてみる
☑子どもに心をこめて「ありがとう」「ごめんなさい」を言う
☑大人が自分の間違いを認める

ステップ❻

自信を育てる 6歳～

６歳になる頃までに「自信」をはぐくみましょう。挑戦することを得意とする男の子にとって、自信は最大の武器。自信とは自分がやろうと決めたことを最後までやり遂げたときに生まれます。やり遂げられずにいる子どもには1ステップ戻って助け合うことを体験させてあげてください。そして、「あなたはできるわ」とやさしくほほえみ、声をかけてあげてください。自分は一人ではないんだという安心感は最大の自信となります。そしてその自信がさらなる成長へのスタートとなるのです。

- ☑「あなたは誰かに愛されてる?」と聞いてみる
- ☑できることを信じてあげる
- ☑「あなたはダメね」とは決して言わない
- ☑お父さんが関心を示す言葉をかける
- ☑子育てに迷ったら、とにかく抱きしめる

自分の子どもが
クリアできない
ステップがあっても
あせらない。
1つ前に戻って、
丁寧にクリアすることが
大切です。

子どもは7つの階段を0歳から1段ずつ、1年ずつかけて上っていきます。そして6歳が終わる頃までに一度上りきります。

男の子は好奇心とやる気に満ち、自立を好む傾向にあるので、0歳の「好奇心」、1歳の「やる気」、3歳の「自立心」は思いっきり伸ばしてあげましょう。そして一つのことに集中する2歳の「集中力」、友だちと協調し合う5歳の「思いやり」は苦手な方なので、より意識して伸ばしてあげたいものです。

まず、子どもが今どのステップにいるのかを見極め、次のステップへ上れるようサポートしてあげれば子どもは自分の力をみるみる発揮し、成長していきます。**もしも、どこかのステップでつまずいているな、この力が育っていないなと思っても、あせる必要はまったくありません。** 1つ前のステップに戻って、やり直してあげればいいのです。子育てがなんだかつらいな、うまくいかないなと思うのはこのステップを飛び越えて、年齢に合わないことを要求しているときです。男の子は2段抜かしや3段抜かしはできません。1段ずつ上っていきましょう。

なお、この本で指定している年齢は、前後1年の幅をもって考えてください。例えば、お子さんが3歳の場合、この本では「自立心」を育てる時期としていますが、まだそこまで成長していないなと思ったら、1つ前の、2歳のステップ「集中力」を育てることをやってあげるといいでしょう。「3歳なのにまだこのステップが身に付けられていない」とあせるのではなく、「この子の成長に合わせて、1つひとつのステップを身に付けていこう」とゆったり考えてください。また2つのステップの過渡期もあるでしょうから、そういう時期には2つのステップのそれぞれの力を伸ばしてあげるといいでしょう。

いかがでしたか？
これまでのことをふまえて
より詳しく男の子の育て方を
これからお伝えしていきますね。

もくじ

男の子の一生を決める0歳から6歳までの育て方

第0章
0歳は「好奇心」を育てる

第１章

１歳は「やる気」を育てる

第２章

２歳は「集中力」を育てる

第3章
3歳は「自立心」を育てる

第４章

４歳は「我慢する心」を育てる

第5章

5歳は「思いやりの心」を育てる

第6章

6歳は「自信」を育てる

本文デザイン◎新田由起子（ムーブ）
本文イラスト◎寺崎愛

第0章

0歳は「好奇心」を育てる

好奇心がすべてのスタート。
興味があることは
どんどんやらせよう

０歳の男の子に必要なのは、**好奇心をどんどん持たせること**です。これは1歳以上の男の子にも、大人の男性にも共通することです。男の子の成長は好奇心からスタートします。女の子は、人とかかわるのが好きでいろいろなものを人とのかかわりの中から学びますが、男の子は興味のあることについて行動しようと思います。一方、自分の興味のないことには関心を持てず、飽きやすく、注意散漫になってしまいがちです。

大人になっても「わかりません」「イメージができません」と言う人がいますが、これは感性が乏しいからです。**感性は好奇心によって育ちます。**好奇心によって何かに興味を持てば、どんどん新しいアイデアを出し、わくわくしたパワフルな男の子になるのです。そこで、この時期に何にでも興味を持つ好奇心を育てておきましょう。

いまいち、何に対しても興味がないな、好奇心が育っていないなと思う男の子はもう一度このステージに戻って感性を刺激してあげましょう。そうすると、好奇心旺盛《おうせい》な子に変わってきます。

0歳児の時期は赤ちゃんの感情と脳の発達において著しい成長をしている重要なときですが、ただ待てば発達するのではなく、**感情を刺激する**ことですべての発達が促されます。泣くことしかできなかった赤ちゃんは、次に笑うことができるようになります。笑うのは大好きなお母さんとコミュニケーションをとりたいから。「あぁ……」と話し出すのは、声を出すことで自分の意思を伝えたいからなのです。

生まれたばかりの赤ちゃんをしっかりと抱きかかえて、たくさん話しかけるようにしましょう。寝かされてばかりいる赤ちゃんより早く首がすわります。座れるようになったら、両手を動かす楽しさを体験させたり、座った状態でたくさん遊んでやります。すると、赤ちゃんはお座りが上手になります。遠くから呼んだり声をかけたりすると、ほふく前進やハイハイができるようになります。大人がたくさん話しかけ笑いかけると、赤ちゃんは話すことがコミュニケーションの方法であることを学び、笑うことが愛情の表現であることを学びます。

このように、**０歳の頃は赤ちゃんが反応を示すような働きかけをたくさんしてあげてください。**この時期に感情と脳を刺激すると、あとになって好奇心という形で現れます。赤ちゃんが関心を示すもの、うれしそうにするもの、反応するものに注意して心地の良い刺激を与えてあげましょう。

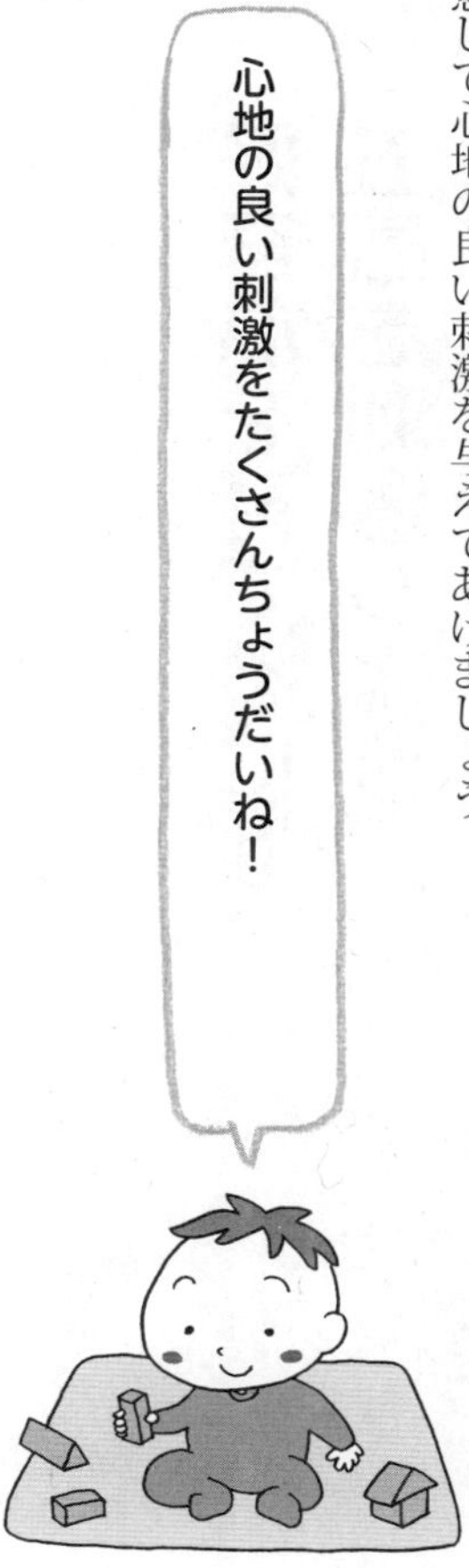

好奇心を育てるには
五感を刺激しよう。
まずは語りかけ（聴覚）、
抱きしめる（触覚）

０歳のときに**感性を刺激することで好奇心の基礎が育ちます**。好奇心は感性とかかわりがあります。さまざまなことを感じとる感度を高めると、より物事に興味を持つようになります。具体的には五感といわれる感覚を刺激するといいのです。五感とは視覚・聴覚・触覚・味覚・嗅覚です。０歳の時点では、すぐに効果はわからないのですが、あとあとになって子どもの能力に大きく差をつけることになります。

赤ちゃんは生まれてすぐは目が見えませんから、周りの状況を把握するためにまず聴覚が発達します。**聴覚が敏感な赤ちゃんは１歳を過ぎた頃から言葉の発達が早く、歌や音楽を好むようになります。まず聴覚を刺激してあげましょう。**

・やさしい口調でたくさん話しかける
・音の鳴るおもちゃで遊ぶ
・心地の良い自然の音を聞かせる
・音楽に親しむ

一番いいのは、いつもおなかの中で聞いていたお母さんの声です。生まれてから多くの刺激を受ける中で、安らぎを与える重要な手段です。常にやさしい口調を心がけ話しかけてあげてください。赤ちゃんは言葉は理解しませんが、お母さんの口調で感情がわかるのです。心地良い状態のときほど多くのことを学びますから、やさしい調子で話しかけてあげるのがいいのです。音の鳴るおもちゃや、自然の音、時にやさしい音楽をどんどん聞かせてあげてください。お母さんがやさしく声をかけながら行うとさらに効果があります。

次に触覚・体感を意識します。**触覚・体感が発達した体の感覚が敏感な子どもは、体を動かすことを好み、運動神経が良くなります。**

聴覚と同じように、赤ちゃんはおなかにいるときからお母さんのおなかの中の小さく安定した空間の心地良さを知っています。ですから布団の上に寝かされるよりも、やさしく抱きかかえられお母さんの温かさを感じる方が安心しますし、密着した感覚を好みます。触覚に働きかけるには次のようなことをやってみましょう。

・スキンシップを十分にとる
・密着した状態で抱きかかえる
・さすったりなでたりして、赤ちゃんの肌に心地良い刺激を与える
・赤ちゃん体操で体を動かす心地良さを体感させる
・寒さ温かさを体感させる

肌への心地良い刺激を与えることで筋肉の発達を促す効果があります。ベビーマッサージのように肌と肌が触れ合う状態での心地良い刺激を与えてください。指をくるくる回したり、手を握ってあげたり、足を握ってクロスさせたりといった赤ちゃん体操は運動機能を向上させます。

また寒いとか温かいなどの体感も身体機能を発達させます。おっぱいを飲むとき、眠るとき、入浴するときなどのリラックスさせたいときは心地良い温度を保ち、起きていて活動的なときは外の空気に当てるなどして温度の差を感じさせてあげまし

よう。

目が見えるようになると視覚からの情報が急激に増えます。**白や黒、赤などのはっきりとした色からわかるようになり、動くものに興味を示すようになります。**

次のようにして視覚に働きかけましょう。

・白や黒、赤などのはっきりした色のおもちゃや絵本を見せる
・ゆっくりと左右や上下に目を動かすように興味を引く
・明るさや暗さで、活動の時間とリラックスの時間を理解させる
・太陽の光を感じさせる
・散歩などをして自然に触れさせる

色のはっきりとしたおもちゃなどを目の前に見せ、左右・上下にゆっくりと動かしてあげると視覚を刺激できます。同時にやさしく言葉がけをしてあげるとさらに効果的です。

色よりも先に明暗を認識しますので、起きたら明るいところに連れて行き、眠るタイミングになったら暗くするなどすると、生活のリズムが身に付きます。また自然の中には美しいもの、壮大なもの、神秘的なものなど、感覚に訴えかける刺激がたくさんあります。**やさしく言葉をかけながら一緒に散歩などをすると、感性が豊かでやさしい子どもに育ちます。**

次に、嗅覚が発達してきます。赤ちゃんはお母さんのにおい、おっぱいやミルクのにおい、石鹸《せっけん》のにおいなど心地の良い状態とにおいを関連付けて認識しています。**心地良い穏やかな香りや自然の香りを感じさせてあげてください。**

味覚も同様です。赤ちゃんのときに自然に近い味覚を身に付けるとあとの健康な食習慣を身に付けることができます。**できるだけ素材そのものの味を生かした食材を多く味あわせてあげてください。**

◯ 五感を刺激して好奇心の基礎を育てる

0歳のときにたくさん言葉がけをすると語《ご》彙《い》力に差が出る

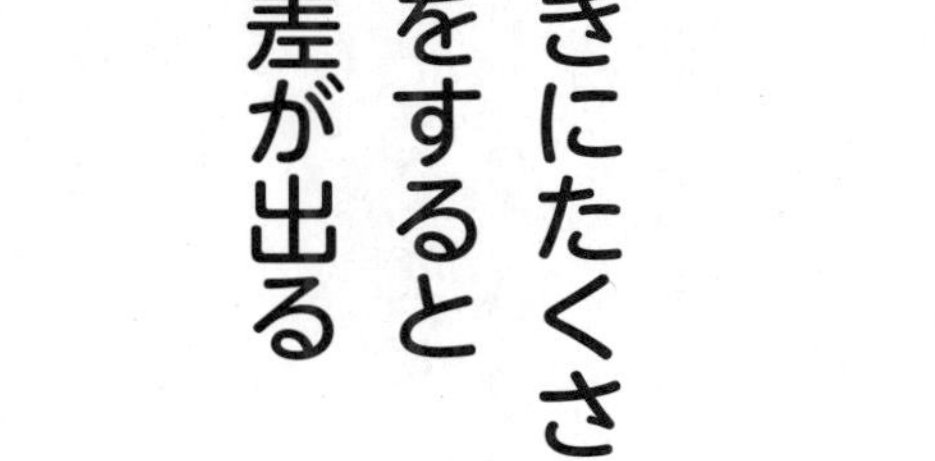

男の子はある時期になるとイライラして暴れたりすることがあります。自分の思いを十分に言葉で伝えられないことが原因です。それは、人とのかかわりを好む女の子に対して、**男の子はとにかく一人でやってみるという特性が強く**、言葉の発達が女の子よりも少し遅くなるからです。すると、自分の思いをうまく伝えられず、苦労することもあるのです。

そこで、**イライラしない子にするためにも、この時期からしっかりと言葉がけをしておきましょう。**人間はまず、何千という言葉を聞いてから、言葉を自分で発するようになります。たくさん話しかけた方が、話すのが早くなります。話さないときから、言葉の習得は始まっているのです。

感性を刺激しながら同時にたくさんの言葉がけをすると、感じたものを理解し、人に伝える能力が身に付きます。わき上がった好奇心は人に伝えることで満たされ、さらなるやる気につながります。

言葉の発達は知能の発達と関係するだけでなく、人とコミュニケーションをとる能力ともかかわってきます。

６歳までに使えるようになる言葉は一般的に３０００語が目安とされていますが、最近の子どもは２０００語程度しか話せないといわれています。**言葉の数は小さいときからのお母さんの言葉がけに大きく左右されます。**０歳のときには特に理解していないと思ってもたくさんの言葉をかけてあげてください。まったく言葉を発しない時期でも、頭の中に蓄積されているのです。次のように、自然の中で目にするものをどんどん言葉にして話しかけてあげましょう。

「きれいな花だね」
「雲が流れているね」
「風が冷たいね」
「葉っぱが黄色くなってきたね」
「ありさんが何かを運んでいるね」

言葉を使い始める時期には個人差がありますが、2〜3歳を過ぎると急に、驚くほどたくさんの言葉を話すようになります。

また**言葉がけをするときは、形容詞を多く使用するといいでしょう。**形容詞とは「しい」や「い」などで終わる言葉です。形容詞には、次のように五感を刺激されたときに感じる感情を言葉にしたものが多くあるからです。

美しい、明るい、暗い（視覚）
うるさい、音が大きい、音が小さい、音色がきれい（聴覚）
柔らかい、硬い、痛い（触覚）
おいしい、すっぱい、にがい（味覚）
いい香り、くさい、きついにおい（嗅覚）

また1歳前には気になったものを指さして「あ〜」などと言う、指さしという行

○ 小さいときからたくさん言葉がけをしてあげる

為が見られますが、この行為が見られると物を認識して人に伝えるというコミュニケーション能力が発達してきた証拠です。また大人の袖をつかんで、気になるところに連れていく行為も同じです。この行為が見られたら**何を伝えたいのかをしっかりと見極め、言葉にしてあげましょう。**

例えばボールを指さして「あ～」と言っている場合は、「小さなボールが転がっているね」などと言って対象をはっきり言葉にしてあげてください。

「ブーブー」などという言葉も使いだしますが、車を見て「ブーブー」と言ったら、「そうだね、赤い車だね」と**大人の正しい言葉で言い換えてあげてください。**

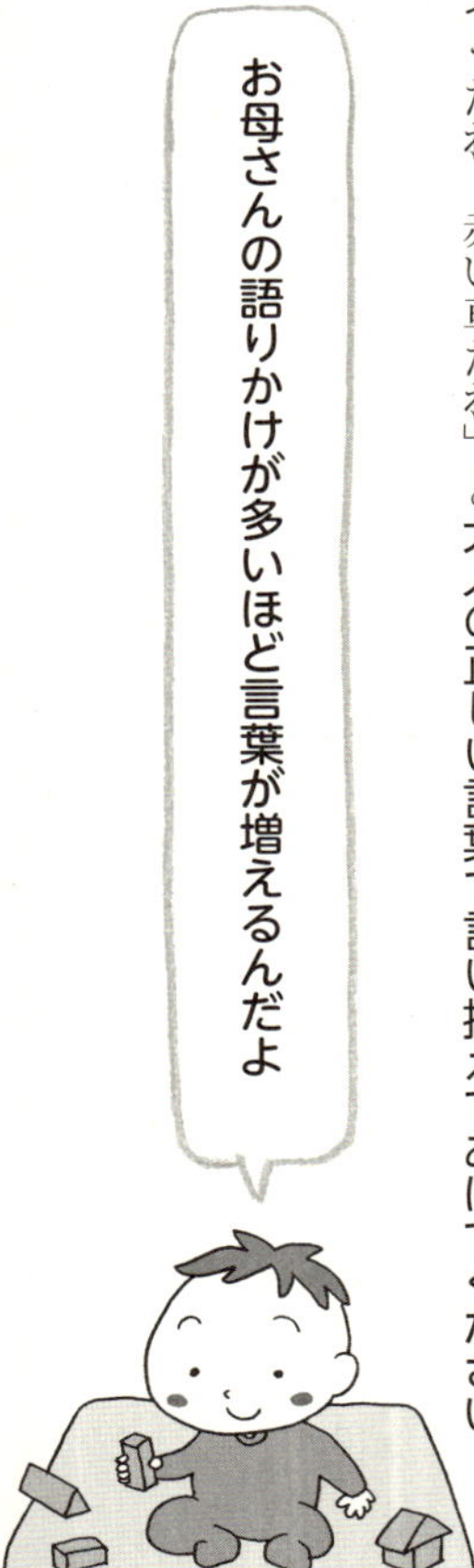
お母さんの語りかけが多いほど言葉が増えるんだよ

ベビーサインで子どもが穏やかになる

1歳前になり、「ブーブー」「バイバイ」などの言葉が出てきたり、身振りができるようになると、人に伝えたいという欲求が強くなり、その思いが伝わって欲求が満たされると、小さな達成感を得られるようになります。

ところが、先ほど書いたように、男の子は言葉の発達がゆっくりで上手に思いを伝えるのがどちらかというと苦手です。思いが伝わらないとイライラしてつい大声をあげたり、暴れたりして、ストレスをためてしまいます。そこで、0〜1歳くらいで、わかってもらいたい気持ちを補う手段として効果があるのが**ベビーサイン**です。

食べることを覚えたばかりの11カ月の男の子がいました。食欲旺盛で、食事のとき食べ足りないと火がついたように泣き叫びます。お母さんは食事の時間が苦痛のようでした。赤ちゃんは「もっと食べたい！」と泣いているのですが、それがわからなかったのです。

○ベビーサインを教えてコミュニケーションができるようにする

言葉を話せるようになった子どもは、もっと食べたいと思ったら「おかわり」と言えますね。すぐに泣いたりはしません。それは「おかわり」と言えることで自分の欲求がかなうことを知っているから。泣く必要がないのです。でも赤ちゃんは「おかわり」と言えません。だからそれを伝えたくて泣いているのです。

そこで私はベビーサインを使ってみてはどうかと提案しました。お母さんに、「もっと欲しい」という合図として、口元で人さし指をとんとんとたたく身振りを教え、赤ちゃんがもっと欲しいと訴えているときに、その身振りをしてみるように伝えたのです。

すると10日ほどで赤ちゃんはその身振りが「もっと欲しい」を意味していることを覚え、泣きながらですが、**お母さんのまねをして口元を指でたたくようになった**そうです。そのたびにお母さんが「もっと欲しいのね」と話しかけ続けたら、３週間ほどで泣かないようになりました。「もっと欲しい」の合図をするようになったのです。

ベビーサインを使う赤ちゃんは人とコミュニケーションがとれるので心が穏やかになる傾向があります。「もっと欲しいよ」という思いが大好きなお母さんに伝わるからです。人に何かを伝えたいという好奇心を満たすことは、**人とかかわることの喜びを知る**ことにつながります。その後この赤ちゃんは多くのベビーサインを覚えてお母さんとのコミュニケーションを楽しんでいました。

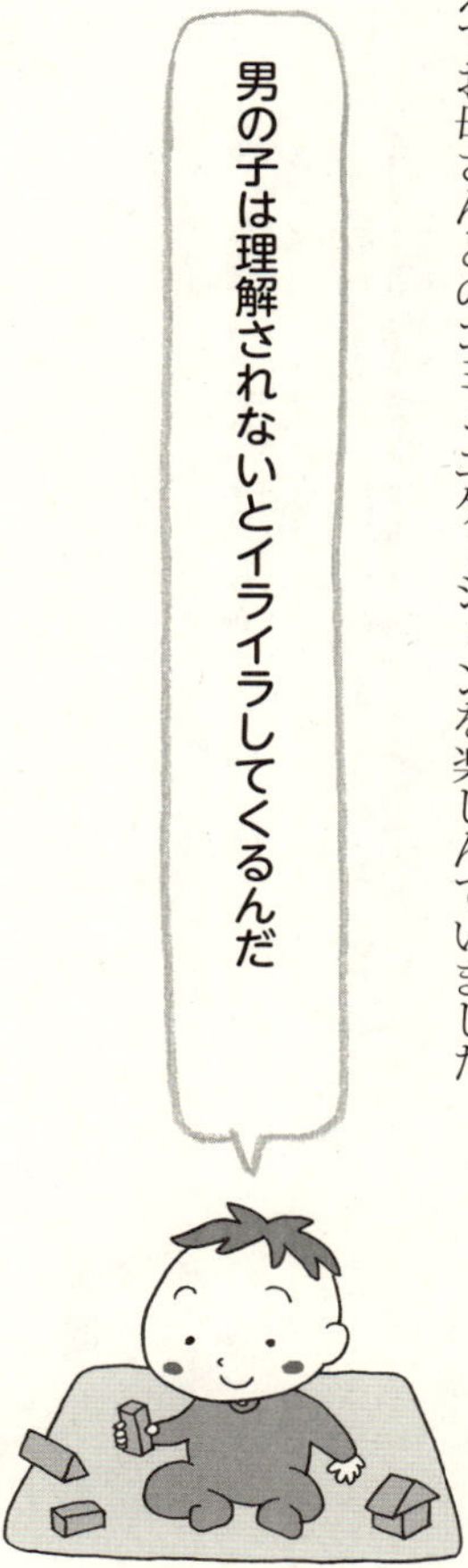
男の子は理解されないとイライラしてくるんだ

愛情の基礎は
1歳頃までにつくられる。
とにかくスキンシップを
すること

月齢が増すにつれ、赤ちゃんはいろいろなものに興味を示し、好奇心の芽をのぞかせるようになります。これまでお伝えしたように、0～1歳の頃は特に感性を刺激し、好奇心の基礎をつくることが大切ですが、同時に**愛情の基礎**が確立される時期でもあります。

男の子は女の子に比べて**甘えん坊**。だからこそたくさんスキンシップをしてあげてください。時期の差はありますが、たっぷりスキンシップしてやると、必ず自立する時期がやってきます。男の子は**お母さんからの十分な愛情がないと成長の1歩を踏み出せない**のです。

赤ちゃんは1歳前後のときに、お母さんや自分の世話をしてくれる人に向ける強い愛情を抱くようになります。この母親との愛情と絆《きずな》をベースに自分自身への信頼感を持ち、その信頼感をベースに周りの人々ともかかわることができるようになります。この時期にしっかりとした愛情を受けることで、成長してからもバランスがとれた人間関係を築くことができるとされています。この絆をつくるために心がけることは大きく分けて2つあります。

- **赤ちゃんとのスキンシップを大切にする**
- **赤ちゃんとのコミュニケーションを大切にする**

言い換えればスキンシップとは体の感覚を通してお母さんの愛情を伝えること。コミュニケーションとは目や耳からの感覚を通して心を通わせることです。そう、これまでお伝えしてきた五感を刺激することが、同時に愛情を与える役割も担っているのです。

さあ、抱っこやおんぶを十分にしてあげてください。特におっぱいをあげたり、お風呂に入ったりといった肌と肌が直接に触れ合う機会は、赤ちゃんに安心感を与え、信頼関係の基礎を築きます。ミルクをあげる場合も母乳を与えているように愛情を持ってしっかりと抱きかかえてあげてください。そして赤ちゃんに対して、

・いつでもそばにいるよ
・いつでもあなたの成長を心から望んでいるよ
・いつでもあなたを見守っているよ

というメッセージを言葉で伝えてあげてください。

もちろん赤ちゃんが何で泣いているのかわからないときもありますが、そんなときはお母さんの勘を頼りに、赤ちゃんにたくさん話しかけ、十分なコミュニケーションをとってあげてください。たとえそれで泣きやまなくても、赤ちゃんにはお母さんが一生懸命何かをしてくれた、ということは伝わるのです。

１歳までに十分な愛情を受けた赤ちゃんは、自分は生きているだけで価値があることを知ります。自己肯定感が高く、自信がある子に育つのです。もし、自分の子どもはもう1歳を過ぎてしまった、という方も今からでも遅くはありません。十分にコミュニケーションをとり、しっかりと抱きしめ、

「あなたがいてくれて、うれしいわ」

と言ってあげてください。

そして、**毎日7秒間抱きしめてください。** 7秒間で愛情のホルモンが出るといわれています。

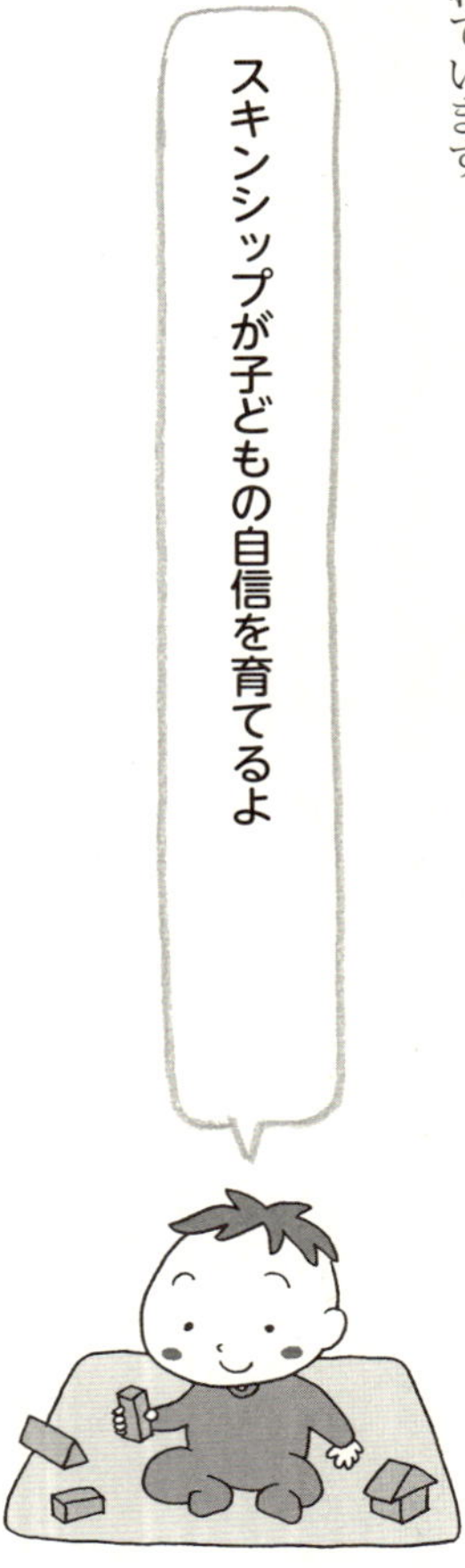

第１章

１歳は「やる気」を育てる

「できた!」という体験が男の子のやる気を育てる

いろいろなことに興味を持ち、こつこつと一歩ずつ進んでいく女の子に対して、男の子は急に夢中になってはすぐに飽きてしまいます。これは男の子の特性です。そんな**男の子のやる気に火をつけるのが「できた！」という体験なのです。**男の子には小さな「できた！」をたくさん体験させてあげること。それがやる気のある男の子にするためのポイントです。

子どもは本来、学びたい欲求の塊です。その学びの欲求を満たしてくれるのが「できた！」という体験です。達成する喜びですね。子どもは「できた！」という喜びが大好きなのです。具体的には、**子どもの小さな成長を見つけて、認めてあげればいいのです。**

- 「ハイハイ」ができた
- 一人で立つことができた
- 歩くことができた

・しゃがむことができた
・2個の積み木を重ねることができた
・ボールを投げることができた
・おもちゃを2つ同時に持つことができた
・「ちょうだい」ができた
・「バイバイ」ができた
・手をたたくことができた

こういった小さなことを、「できたね！」と笑顔で認めてあげます。大人からするととても簡単なことですが、子どもにとっては知恵と体をフル回転させてようやく獲得した大事な動きなのです。**この小さな「できた！」の積み重ねが大人になってからの行動力の基礎になるのです。**

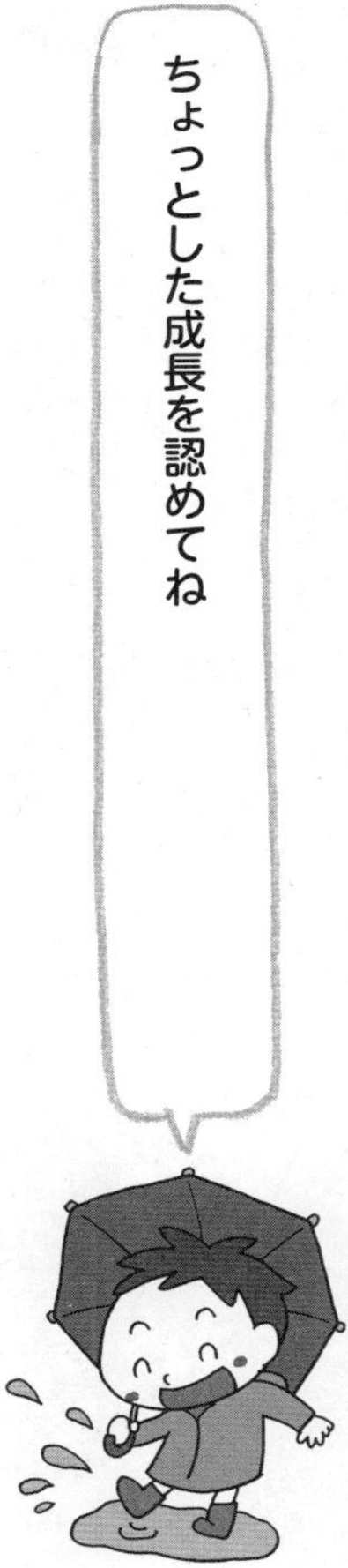
ちょっとした成長を認めてね

男の子には「ダメ！」を言いすぎない

男の子のやる気は1～2歳の頃に育ちます。この時期にさまざまな体験をさせましょう。この時期は、危険なものにも子どもの手が伸びていくため、最初の親の泣きどころの時期でもあります。ついつい「ダメ！」と口うるさく言ってしまうもの。しまいには、大声でどなったり。その気持ちもよくわかります。ただ、この一言、実は男の子にとってはあまりいい言葉ではないのです。

ここ10年の間、保育園や幼稚園の先生方からよく受ける相談に、「最近の子はやる気がない」「情緒が不安定だ」というものがあります。やる気のない男の子が増えているのです。男の子は時間さえあれば、元気に外に行って遊んだり、走り回っているイメージがあります。そんな男の子がやる気をなくすなんて、なぜなのでしょうか？

これは男の子の特性に関係があります。**男の子は女の子より、やる気をくじかれやすい性質があるのです。**人から指示されたり、禁止されたりすると、とたんにやる気がなくなってしまうのです。このようなダメ出しが、この1～2歳を中心とした数年の間続くと、好奇心や探究心が弱い子どもになってしまうのです。

お母さんが細かく丁寧に子どもを見てあげることは素晴らしいことなのですが、男の子の大切な成長のプロセスを壊すことは避けたいものです。そこで、「ダメ」と言いすぎていないか、考えることが大切です。

子どもの1つひとつの行動には必ず意味があり、一見、大人には無駄に見える行為もすべて成長の糧となっています。**子どもはすべて身の回りにあるものが、何のために存在し、何の機能を果たしているのかを実体験を通じて確かめているのです。**「ダメ」を飲み込んで、できるだけやらせて、最後まで見守って、「できたね！」とほめてあげましょう。特に次のようなことには大きな意味があります。

・ティッシュペーパーを引っ張り出す↓どこまで続くのかという未知への探究
・新聞紙を破く↓破くという行為と音が鳴るという現象の関連を聴覚を使って学ん

でいる
- コップの水をこぼしてかき混ぜる➡水という物体の性質を手の感覚を使って探究している
- 水たまりに入る➡水の形状の変化や濡れたときの感覚を体験している
- 泥で遊ぶ➡水と泥の混ざり具合や砂の性質の変化を実験している
- 水道の水を触りたがる➡上から下に落ちる水の変化と重力の関係を実験している
- マヨネーズなどのチューブに興味を持つ➡液体や固体の形状の変化を実験している
- 壁の隙間《すきま》などに指を突っ込む➡穴の先には何があるのか、見えないものを触感を利用して探究している
- 障子に穴を空ける➡紙という物質の形状の変化を手の感覚を使って実験している
- 食器棚を開け閉めする➡人工的な動きの方向性を探究している
- コンセントに指を突っ込む➡見えない部分を指の感覚を利用して探究している
- 何でも口に入れる➡安全性を確かめる本能的な行為

子どもが興味を示したときが、最大の学びのチャンスと考えてください。好奇心を持ったものに対して学習しているのです。**興味を持たない、学ばない子にしないためにも、この時期にはできるだけ「ダメ」と言わないように気をつけてください。**ここでさまざまな体験をした男の子は、後年ぐっとさまざまな能力が発達します。ここが我慢のしどころです。この時期の親のねばりが、子どものやる気を伸ばします。

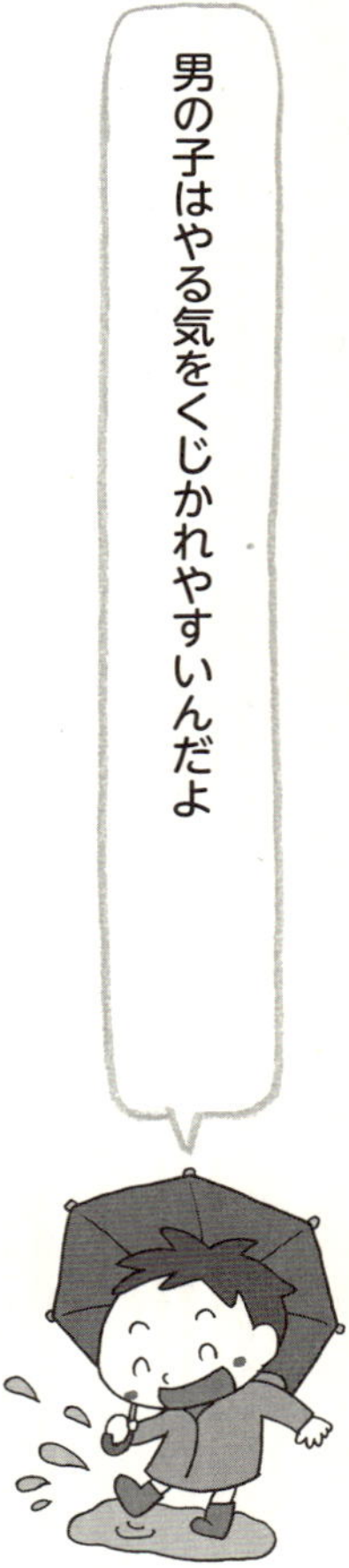

いけないことは「ダメ」ではなくて、「危ないよ」「痛いよ」「熱いよ」と伝える

この時期には何でもやらせてみる、といいましたが、「コンセントに指を突っ込んだら危ないわ」「障子に穴を空けるのを許していたら家中穴だらけ。ただでさえ忙しいのに」という方もいらっしゃるでしょう。そう、そのとおりです。そこで、次の2つを実行してみましょう。

1. 思いっきりやりたいことをできる環境を与える

2. やってはいけないことを決め、理由をはっきり伝える

まず、子どもの手が伸びるところに、大人が触られて困るものは置かないようにしましょう。台所のお皿の棚の扉や、ハサミや工具など、けがをするおそれのあるものが入った引き出しは、子どもが開けられないようにします。大人の目が行き届かないものに対しては、前もって触られないよう対処してください。

また、どうしてもやらせてはいけない危険なこともあります。のどに詰まるものを飲み込んでは困りますし、コンセントに指を入れて感電してしまっては、大変なことになります。

そんなときは「ダメ！」ではなく、いけない理由をはっきりと伝えてください。「危ないよ」「痛いよ」「熱いよ」などです。少し強い語調で、冷静に子どもの目を見て言いましょう。そして、他のことに興味を持つように誘導します。

さらに、親がしっかり見てやる時間と余裕があるならば、危険でない程度に、痛い思いをする体験をさせてやれば、一つの貴重な学びになることも知っておいてください。例えば、釘《くぎ》や画びょうなどは、触らせないよりも、少し触ってみて痛い思いをした方が、次からは子ども自身の判断で触らなくなるものです。こういうことが体験からくる学びなのです。「ほら、ちくっとしたでしょう？　痛かった？」と言葉を添えてあげれば、なおいいですね。

キッチンに入れないようにしたり、階段から落ちないようにしたりするグッズもたくさん販売されています。確かに危険かもしれませんが、理想をいえば**すべて体験させた方が好奇心旺盛でやる気のある子に育ちます。**ですからできるだけ体験させてあげるようにしてください。これも手間がかかることなのですが、そういう親の努力は必ず実を結びます。

子どもが水たまりに入りたがるようであれば、あらかじめ、お母さんが洗たくに困らないよう汚れてもいいようなズボンをはかせるなどして、工夫して入らせましょう。障子に穴をあけたがっているようならば、思いっきりあけさせてやり、その後は貼り直さないままほうっておきましょう。見た目を気にするようなら、思いっきり体験させた後、障子紙をすべて取り除いてしまいましょう。

食べ物についても、子どもは、スプーンから食べ物をテーブルの上にたらして、手でのばして遊んだりしますが、これもこの時期は目をつぶって、思いっきりやらせてみてはいかがでしょうか。「もったいない」と怒ってもわからない時期でもあるのです。

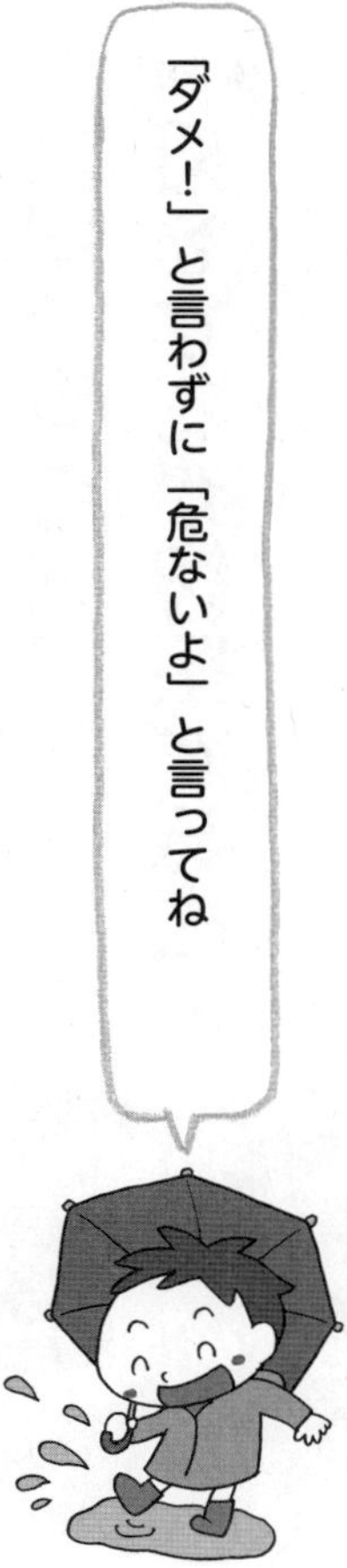

男の子にはやり方を
教えてはいけない。
まず、やらせて、
何をするか観察すること

男の子は自分でやりたいことをやるのが好きなのです。何をするにも大人がそのやり方に口を出してしまっては、大切なやる気がなえてしまいます。**子どもが何かに興味を持ち始めたら、何も言わないで、そっと観察してみましょう。**

例えば、ガラガラ（振ると音のするおもちゃ）は赤ちゃん向けの代表的なおもちゃですが、これを子どもに与えてみると、意外と音を鳴らして遊んだりはしないのです。よく口にくわえたり、たたいたり、投げたりします。このガラガラを振って音を鳴らすようになるにはずいぶんと時間がかかるでしょう。でも、それでいいのです。

子どもは一つの行為から大人が想像する以上に多くのものを学んでいます。まずはやり方を教えずに与えてみてください。子どもが何をするかを観察していると、今その子が何に興味を持ち、どんな機能が発達しているのかがわかるようになってきます。

ここで男の子にはやり方を教えてはいけないと書きましたが、もちろんこの方法は女の子にも効果があります。ただ、女の子は人とコミュニケーションをとる能力が高いので、ほっておいても大人のやり方を見て学ぶなどということが得意です。男の子は何でも自分でやりたがる性質なので、**この時期に自ら「できた!」という体験をたくさんさせて、積極的に学ぶ姿勢を身に付けて女の子とのハンディをうめておく必要がある**のです。そうしないと、大人になって女の子に比べてコミュニケーション力は低いし、自力で解決する能力も低くなってしまいます。

おもちゃを与えたらどう遊ぶのかを見ていてね

何度言っても
耳に入らないのは
成長しているとき

男の子が親の言うことを聞かないのは、何か特定の機能が発達しているときなのです。口うるさく言いすぎていないか、今はまだしつけをするタイミングではないのではないかと、一度振り返り、今学ぼうとしていることを支えてあげるのがいいのです。

ある保育園の先生から質問を受けました。とにかくよく動いて少々落ち着きのない男の子がいたのです。注意しても気にも留めず、聞いているのか聞いていないのかすらわからないとのことでした。先生は困ったようでしたが、こういう子どもはよくいます。そう、この子は先生もよくわかっているとおり「本当に聞いていない」のです。何かに夢中になって集中しているからです。

この子どもの場合、特に動き回って体のバランスやコントロールを学んでいたのです。体を自由に動かすことで、同時に感情のコントロールもできるようになるので、これは重要な発達段階だったのです。その子どもにとっては、じっとしている

○ 子どもが満足するまで遊ばせておく

ことを学ぶ時期ではなかったのですね。

子どもが大人の言うことに耳を貸さないくらい夢中になっていることは、必ず成長に関係しています。こんなときは大人の都合でどんなに口うるさく言っても効果はないどころか、大切な発達を妨げてしまうことすらあります。言うべきことを端的に伝え、あとはタイミングを待ちましょう。

例えば、お子さんが台所の流しでの水遊びにはまってしまって困っているお母さんがいらっしゃるかもしれません。流しは使えないし、水道代はかかるし、気が気ではありませんね。

こういうときは「何分やるのか、見ていよう」とほうっておいて、観察してみてください。せいぜい10~20分間しか続かないのがほとんどです。すると、これだけ水遊びさせれば満足してやめるんだ、ということがわかります。

そして、だいたい2週間後、または2カ月後などに成長の周期がやってくるので、そのあたりでこの遊びにも飽きてきて、大人の言うことを聞けるようになるときがやってきます。永遠にその遊びが続くわけではないので、ご安心を。

また、子どもはさまざまな現象を理解する前に記憶の中にしまいます。ですからそのときは聞いていないように見えても、時期が来ると、

「あのとき、お母さんがこんなこと言ってたな」

なんて急に記憶をさかのぼって理解するようになります。

例えばおなかがいっぱいになった子どもはごはんで遊びだします。

「食べ物は無駄にしてはいけないよ」

と言ってもまったくわかっていない様子だったりします。お母さんの言葉なんて耳に入っておらず、それよりも食べ物をつぶしたり押したりする感触の方がおもしろくて仕方がないのです。

ただ、こうした場合は諦めずに、

「食べ物は無駄にしてはいけないよ」

ときっぱりと言ってください。そして、その後は同じことを繰り返さないよう、おなかがいっぱいになったらすぐに片づけるようにします。


指摘されたことについて、そのときはわかっていないように見えても、数年後、言葉を話すようになると、食べ物を残している家族に向かって急に、

「食べ物は無駄にしてはいけないんだよ」

なんて言いだすことがあります。ここがしつけのタイミングでもあります。聞いていないように見えても、食べ物を無駄にしてはいけない理由をしっかりお話ししてあげてください。

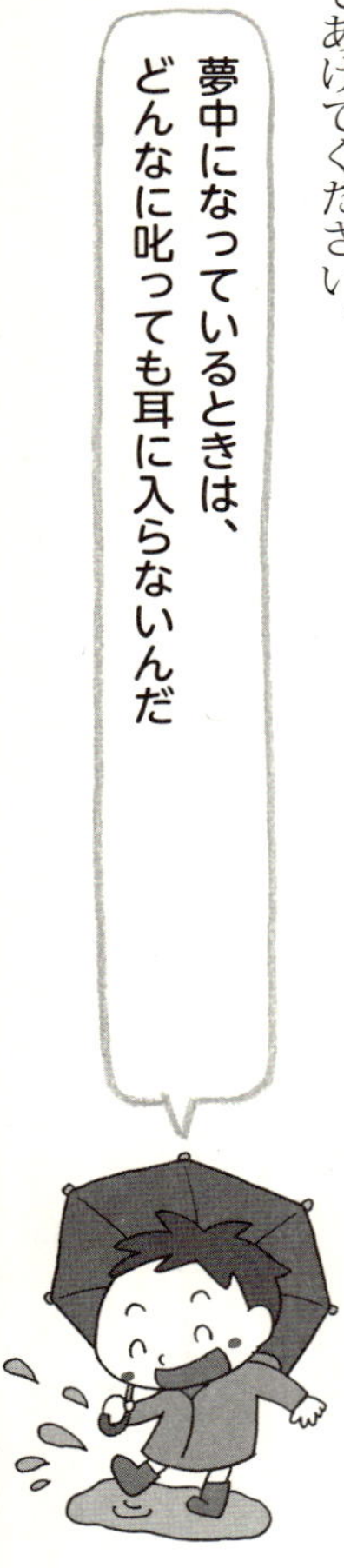
夢中になっているときは、
どんなに叱っても耳に入らないんだ

歩きだすのは遅くても大丈夫

やる気は1歳のこの時期の運動量に影響を受けます。**体を十分に動かせることは、知能や心の発達に大きく影響するのです。**体を動かせるにこしたことはないのです。

また、男の子はある時期になると、イライラして暴力をふるったり暴れたりするようになります。それは思いを言葉で上手に伝えられないから。そして感情をうまくコントロールできないからです。実はこの感情をコントロールする機能は運動機能と密接にかかわっていて、特に**「ハイハイ」をすると鍛えられる腹部の筋力が発達すると、我慢できるようになるのです。**

手先を使うスポーツよりも、相撲《すもう》や柔道のように腹部に力を入れるスポーツの方が、どっしりと落ち着いて見えるのはそのためです。小さいときにたくさん「ハイハイ」させて我慢のできる子にしましょう。

さらに「ハイハイ」は腕の力を強くします。ある保育園の園長先生は「最近の子どもはすぐに転ぶ」と嘆いていらっしゃいました。そのとおりです。しかも、転んでもなぜか手をつかないので、顔にすり傷をつくってしまったり、ひどいときには腕を骨折してしまうこともあるそうです。すぐに転ぶのは体のバランスが悪いから、そして顔にけがをするのは腕の力が弱いからです。

腕の力が弱いのは、「ハイハイ」不足に原因があるといわれています。「ハイハイ」は、腕と上半身の筋力を強くする効果があります。上半身の筋力の発達した子はバランスをとることが上手で、転んでもうまく反りかえって危険から身を守ることができます。

ところが最近は生活スタイルの変化からか「ハイハイ」をあまりしないまま歩きだす子どもが多くいて、そのため腕や上半身の筋力が十分に発達しない傾向があります。なんとなく歩きだすのが早い子の方が運動神経が発達しているように感じてしまいますが、**「うちの子は１歳前に歩きだしたのよ〜」**というような言葉に動揺

しないこと。歩きだすのはむしろ遅い方がいいんです。「ハイハイ」を、十分にさせてあげてください。

もし「ハイハイ」を、あまり経験せずに歩きだしてしまった子がいたら、手押し車や「ハイハイ」競争、またはお父さんの背中に乗って落ちないようにしがみつくなど、腕や上半身を強化する遊びを十分にさせてあげてください。小さな室内用のジャングルジムを置いてあげると上半身が強くなります。転がったり落ちたりする経験も大切です。自然の中で思いっきり遊ばせましょう。

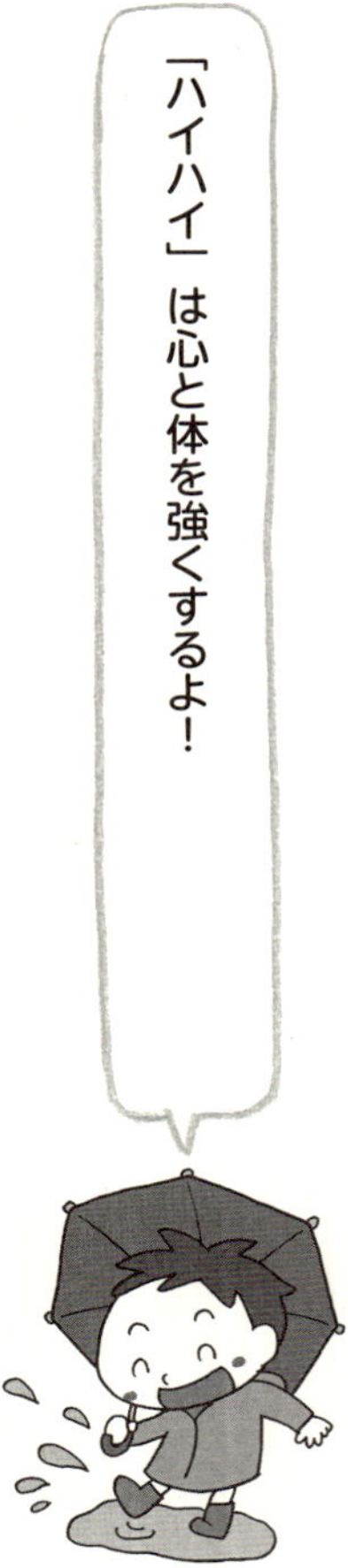

第２章

２歳は「集中力」を育てる

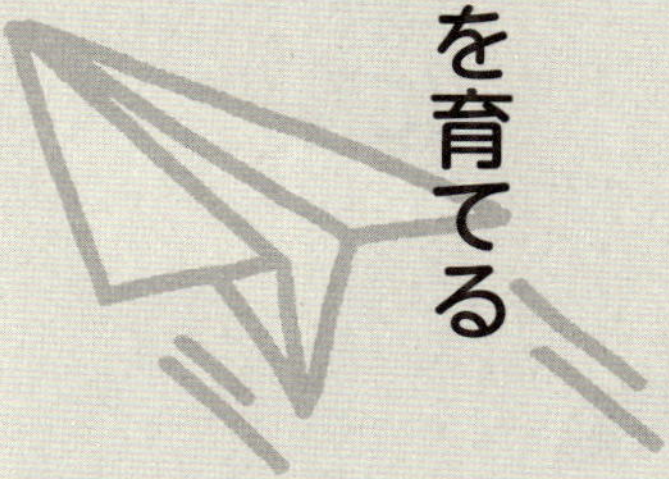

男の子は自然の中に連れ出せば、集中力がつく

親だったら子どもには学校で苦労してほしくないと思うもの。頭のいい子になってほしいなと思いますね。そのためには、勉強を教え始める前に、集中力を育てておかなくてはなりません。集中力の基礎は2歳頃に著しく発達します。

ここでいう頭のいい子とは単に勉強のできる子をいうのではなく、何にでも好奇心を持ち行動し、探究する姿勢を持った子どもです。集中力のある子は、勉強でもスポーツでも、しっかりとした眼差《まなざ》しで多くを吸収し、たくましく育っていきます。

できるだけこの時期に集中力を伸ばしておきたいものですが、**実は、男の子は女の子に比べて集中するのが苦手**です。男の子は女の子に比べ体を動かすことが大好きでじっとしていませんし、飽きっぽく、次から次へと新しいことに目を奪われてしまうのです。そこで、男の子に集中力をつけさせるには少し工夫が必要です。

ではどうするかですが、**男の子はできるだけ自然の中に連れ出しましょう。**集中力とは本来、狩りなどで獲物を狙うために身に付いた能力だからです。人は集中力がないと獲物も獲れず生きていけなかったのです。1つのものに長い時間取り組む女の子に対して、男の子は次から次へと興味が移っていくことが多いのですが、自然の中では別です。

- 虫取りに夢中になる
- 川に葉っぱを流す
- 木に登る
- 崖《がけ》を降りる
- 小山から転がる

など、何がおもしろいのか、1日中飽きずに遊ぶものです。子どもが長い時間、同じことを続けているときは、体験し考え探究しているときです。そんなときこそ、集中力が伸びるのです。

ところがいつも自然の中に行くわけにはいきませんね。でも家の中でも大丈夫です。**意識すれば集中力を育てることが可能**です。

まず、集中力の基礎が芽生えているか、見てみます。そのタイミングは、普段の行動を見ているとだいたいわかるものです。

例えば積み木を手渡してみます。0歳児は投げたりたたいたり、振り回したり、口に入れたりしながら遊びますが、1歳頃になると、積み重ねて遊ぶようになります。本来の積み木の遊び方ですね。重ねては壊し、重ねては壊しを繰り返したり、高く積み上げたりします。そして2歳を過ぎた頃から、色分けしたり、お城や家などを作るなどの「造形」をするようになります。集中力を伸ばすのは、このタイミングです。

集中力の伸びる時期は、単なる経験の積み重ねから一歩進んで、知恵を絞り、今までの経験を整理しだしている時期なのです。この時期に丁寧にサポートし、

「お城ができたね」

「もっと大きなお城を作ってみようか」

「今度は丸いお城にする？」

などと**発想を広げる手伝い**をしてあげると、じっくりと考えて取り組む姿勢、つまり集中力が育つのです。

人の集中力は、「楽しい」「できた」「わかった」という3つの段階を繰り返すことで生まれます。それをサポートしてあげるといいのです。

自分で考えて集中している姿勢が見られたら、口をはさむのをやめ、そっと一人にさせてあげましょう。集中とは自分一人で取り組む姿勢です。とにかく一つのことに長く取り組む環境をつくってあげてください。

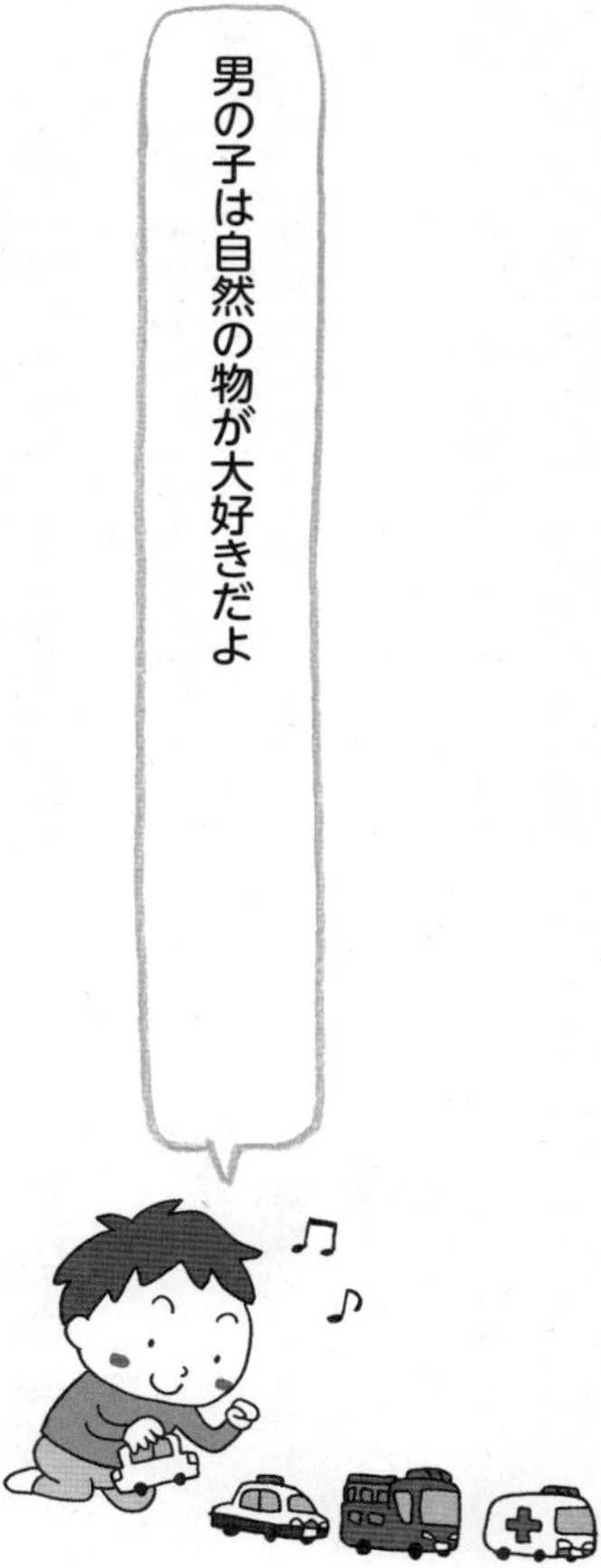
男の子は自然の物が大好きだよ

一人で遊んでいるときは
集中しているとき。
そっとしておこう

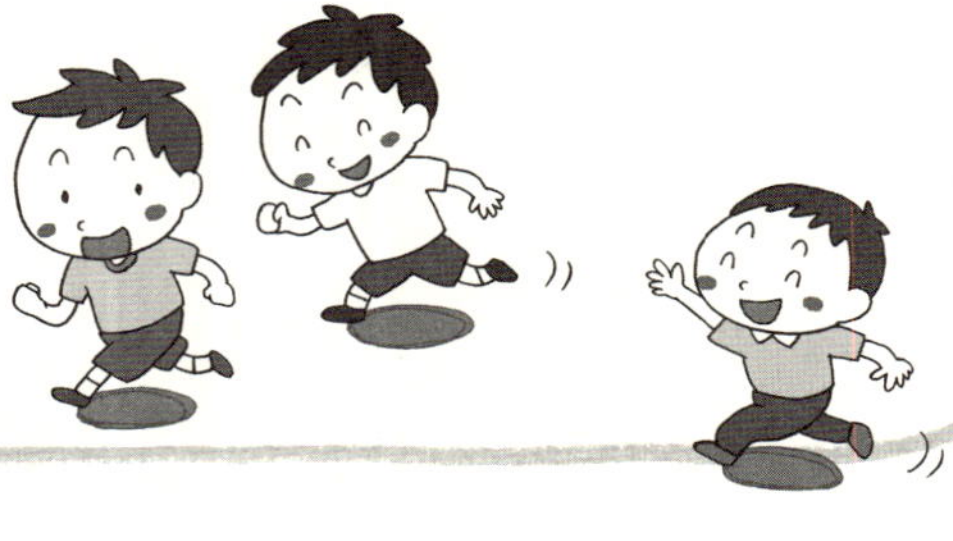

子どもが集中力を発揮しているときは、こんなときです。

- **何度も繰り返している**
- **一人の世界に入っている**
- **寡黙《かもく》である**

いつも騒いでいる子どもが、

「なんだか今日は静かだな〜」

なんて思ったら、一人で何かを必死にやっていたなんて経験はありませんか？コップの水をこぼして床に広げていたり、ジャムのビンを見つけてなめていたり、ティッシュを全部引き出していたり。静かなときほど、お母さんに叱られそうなことをしているものです（笑）。あまりに集中しているので、声をかけるとびくっとしたりします。**集中し、頭をフル回転させている**のです。

誰かが困るようなことや危険なことをしているときは、やめさせなくてはいけませんが、問題のないときはできるだけそっとしておいてください。集中力を伸ばす遊びには次のようなものがあります。

- さまざまな形が作れる図形のパズル
- 何度も壊して組み立てられるブロック
- 穴に紐《ひも》を通したり、ボタンを留めたり外したりするような手先を使うもの
- ビンなど入り口が小さい入れ物に小さなボールなどを出し入れするおもちゃ
- スプーンや箸で大豆などを皿から皿へ移し替える遊び

刺激的な遊びだけではなく、じっくり考えるような遊びを増やしてやると、何事にも集中できる子になります。

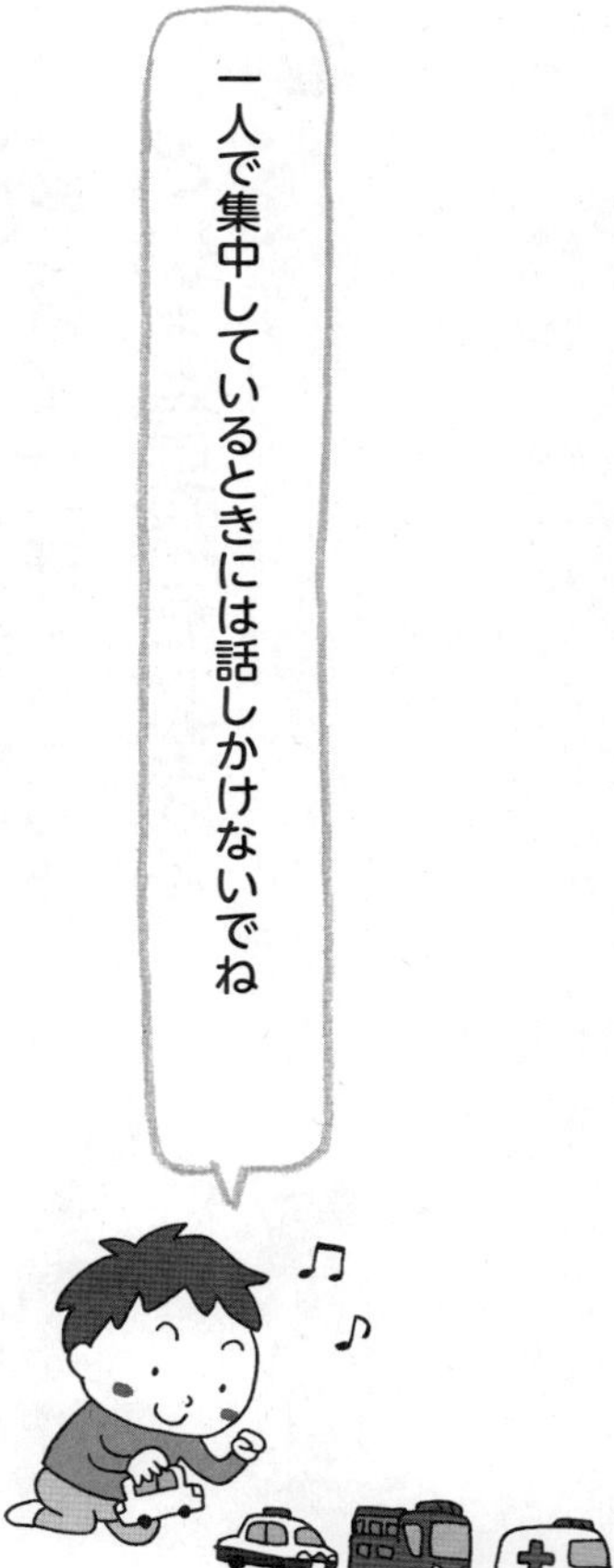
一人で集中しているときには話しかけないでね

男の子には「教えて」「手伝って」という言葉を教える

男の子は女の子よりも言葉の発達が遅いように思われます。そこで**上手に話すように促してあげると、心が落ち着き集中力を発揮しだします。**

言葉の発達の早い子は集中力も高い傾向にあります。言葉を話す機能と集中する機能が関係しているからです。集中力を養うためにはじっくりと物事に取り組み、考えるという過程が必要になります。今までただ体験してきたものについて深く考え、さらに１ステップ上のことを実現したくなるので、うまくいかないことも出てきます。そんなとき、言葉の発達の早い子は助けを上手に求めることができます。

「教えて」
「手伝って」
「一緒にやって」

などと感情を上手に表現できると、周りのサポートも受けやすいものです。

ところが語彙力が少ないと、すべての感情を、

「やだ」

「できない」

などの単語で表すので、サポートもしてもらえず、さらにできない苦しさを伝えられないという欲求不満がいらだちとなってしまいます。こうした子には次の２つで対応します。

・感情を表す言葉を教える
・問題解決のための言葉を教える

感情を表す言葉は、次のような、形容詞の表現です。たくさん教えると効果的です。


「悲しい」

「さみしい」

「できなくて悔しい」

「うれしい」

そして、問題を解決するための言葉は、

「手伝って」

「教えて」

「代わりにやって」

「一緒にやって」

などです。このような言葉を教えると、男の子のストレスが減るのです。

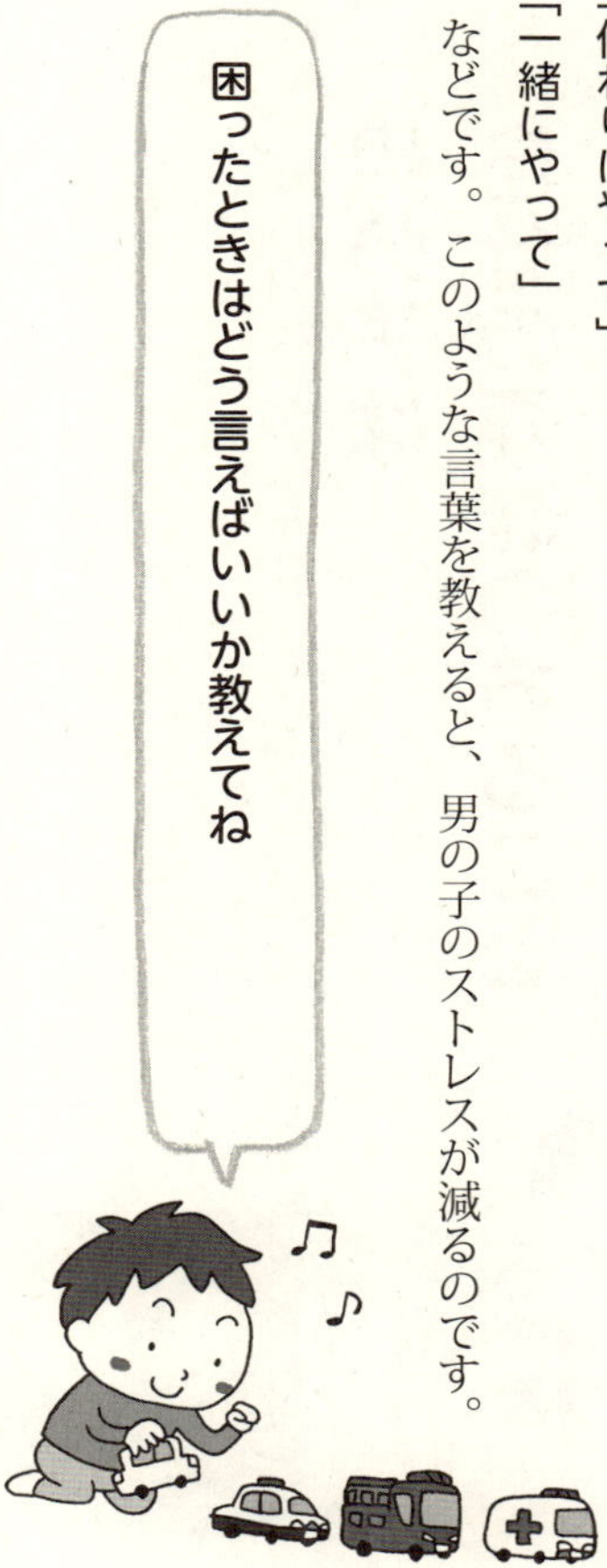

男の子は自分の興味のあることにしか集中しない

女の子は比較的いろいろなことに幅広く興味を持ち、人に促されても集中力を発揮しますが、男の子は、人から言われたことには興味を持たなかったり、集中しなかったりします。**男の子は自分が興味あることにしか、集中しないのです。**

よく、「子どもが集中しないんです」なんて相談を受けますが、子どもは興味があるからこそ、やる気を出し集中するのであって、無理やりやらされているときには集中はしません。赤ちゃんが言葉を覚えるのはお母さんと話したいという欲求があるから。赤ちゃんが歩きだすのは気になるものに触ってみたいからです。すべては好奇心から始まり行動へと続きます。

そして**物事を成功させるための本能が集中力**だといわれています。動物が獲物をとらえるときに、じっと凝視して一気に攻めますね。あのときの状況が集中で、それは獲物を獲って食べるため、つまり生きていくための本能的な能力なのです。この集中力は成長の過程で大きな力となっていきます。

アメリカ・マサチューセッツに「世界一理想の学校」といわれる学校があります。サドベリー・バレー・スクールという学校で、1968年にアメリカ・マサチューセッツ州のフラミンガムで創設された私立校です。この学校には4歳から19歳までの子どもが通っています。

この学校では、幼年期に子どもに信頼と責任を与えることによって、自分が何をしたいのか、なぜそれをしたいのか、どうやってそれを成し遂げるのかを学ぶことができると考え、児童・生徒は自分の時間をどう使うかを自由に決めることができます。

その結果、生徒たちの多くが第一志望の大学に受け入れられ、8割は大学卒業後も別の学校で学び続けています。生徒たちの多くが自分の人生は幸せだと感じていて、人のために役に立ちたいと語る、といいます。主体的に学ぶ姿勢を養うことが社会的な成長にかかわっているのですね。

そんなサドベリー・バレーの子どもたちは、**日本の小学生が6年間で学習する算数をわずか20時間で習得する**そうです。これは、それほど驚くことではないそうで、専門家に聞くと、小学生レベルの算数は20時間ほどあれば習得できるのは当たり前だそうです。ではなぜ、日本の子どもたちは6年間もかかるのでしょうか。研究者によると、やる時間、やる量、すべてが本人のやる気に関係なく決められているからとのこと。いかに自ら学ぶ姿勢が集中力を高めるのかがわかりますね。

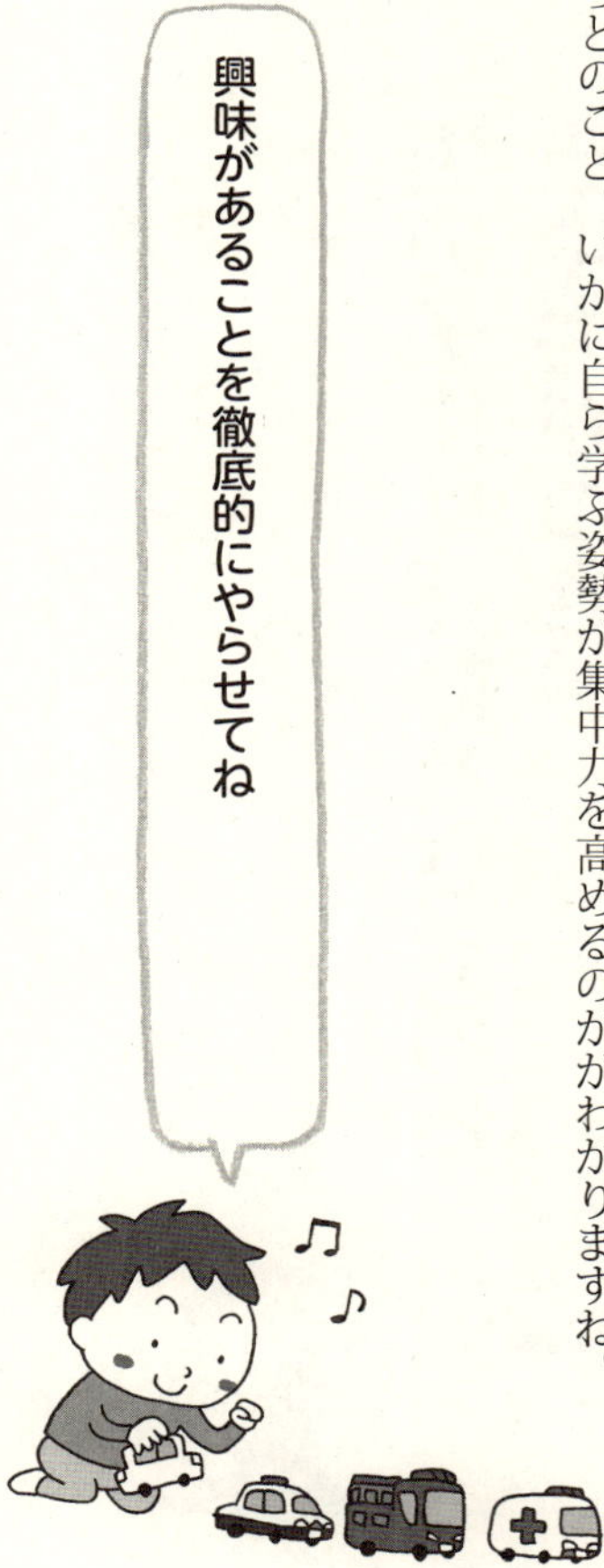

男の子には運動をさせると集中力がつき、心も強くなる

集中力は運動と密接な関係を持っています。体を自由にコントロールする機能は我慢や努力する機能と関連しているからです。**男の子はきまぐれ**です。急に夢中になったと思ったらすぐに飽きてしまったり、ちょっとできないとふてくされたりすることが多いのも男の子です。すぐに投げ出してしまう男の子にしないために、運動をさせましょう。

体が強くなると心も強くなります。集中力がつきます。じっとして勉強しなさい、というより、**集中力がないなと思う子には運動をさせてください。**

どんな運動がいいかというと、走ったり転がったりするもので、手足だけではなく、体の中心部を使う運動です。体全体をコントロールする神経は、心をコントロールする神経と関連しています。集中できない子どもは、脳からの複雑な指令を行動に移すためのシステムが未発達なのです。思いっきり体を動かし、例えば物を投げたりけったりするなどして、十分に手足をコントロールできるようになると、必然的に集中力も養われていきます。

室内でできる**集中力をつける運動**をやってみましょう。

少し広いところで、「ヨーイドン！」で子どもに走ってもらいます。そして、「止まれ！」と言ったら、子どもに止まってもらいます。「白い線まで来たら、止まってね」というのも有効です。

実はこの遊びには重要な発達の要素が含まれます。それは「止まる」という行為なのです。子どもが「ハイハイ」をしたり、歩きだしたりするとうれしいものですが、「止まる」という行為も子どもにとって大切な行動なのです。

走っている途中に急に止まるとか、戻ってくるといった行動は、自己コントロールの神経の発達とかかわっています。特に興奮し続けてしまう傾向が強い男の子には、心を落ち着かせ、気持ちを切り替える効果があります。走っている途中に止まれるようになると、自己コントロールの神経も発達したということです。それは、集中することにつながり、さらに我慢することや、努力すること、感情を抑えることを可能にするのです。

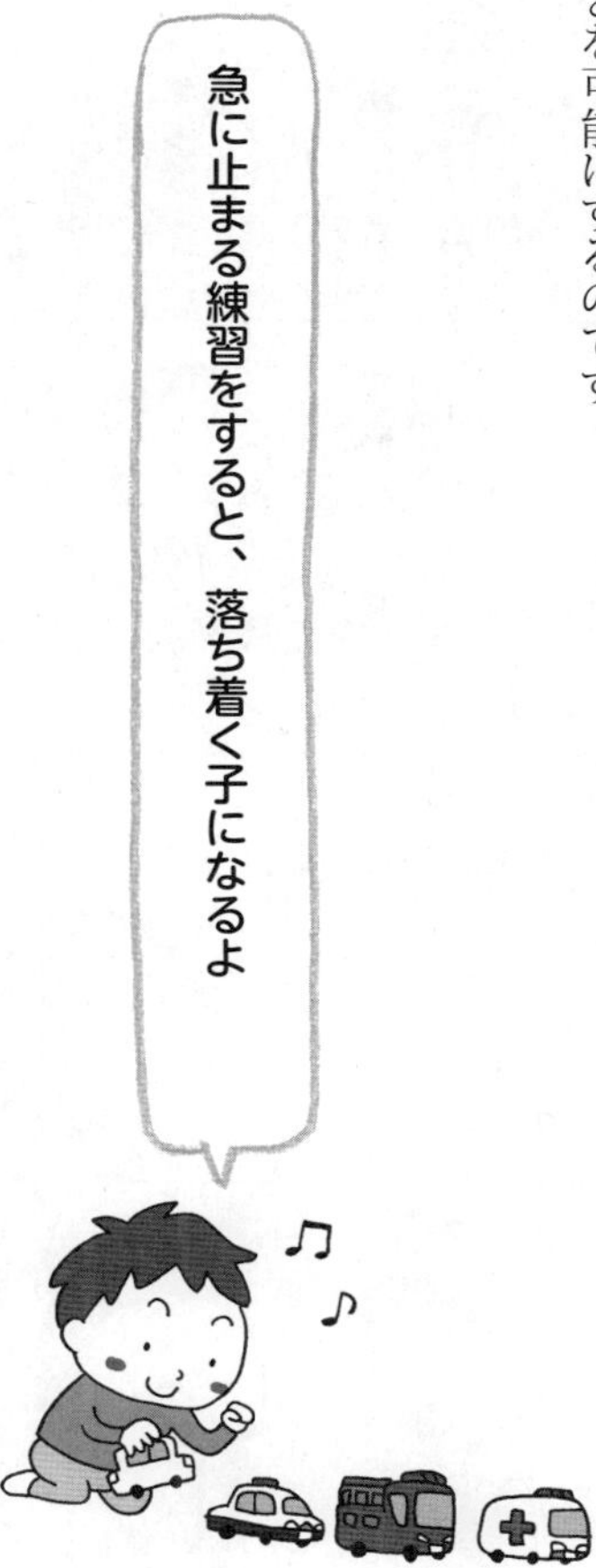
急に止まる練習をすると、落ち着く子になるよ

◯急に止まる運動をさせて、落ち着きのある子にする

第３章

３歳は「自立心」を育てる

男の子にとって大切な自立心は3歳頃に育つ

３歳は自立心を育てる時期です。人と協力し助け合うことが得意な女の子は社会の中で生きていくことが得意です。人に上手に助けを求めることができます。それに比べて男の子は人に聞いたり、手伝ってもらったりすることを好まない傾向にあります。そのため、**男の子は、自分で目標を持ち問題を解決していく能力をより伸ばし身に付けないと、すぐに会社を辞めたり、目標を見つけられない大人になってしまいます。**自立させるために決して過保護にしてはいけませんし、放任もいけません。

自立するとは自分で判断し、実行し、最後まで責任をとることをいいます。３歳を過ぎると学びの力が身に付き、人とかかわるようになります。それまでの一人遊びから、友だちと遊びたがるようになります。そのかかわりの中から、努力すること、我慢すること、助け合うこと、やり抜くことを学び始めます。**３歳では自立させることを意識してください。**

「自分がやる！」
と言ったら、
できるだけやらせる。
ここが正念場

自立心を育てるためのスタートは「やってみたい！」という意欲です。**子どもが「やってみたい！」と言ったら、どんどん応援しましょう。**この時期は、とにかく「自分がやる！」と言ってきます。こんな感じです。

- 牛乳を自分でコップに注ぎたがる
- 洋服のボタンをイライラしながら一人で留めている
- お母さんのまねをして包丁を使いたがる
- お母さんが掃除をしているとまねをしてほうきを使いたがる
- お母さんが洗たく物をたたんでいると自分もたたむと言う

ところが子どもが「やってみたい！」と言うものは、大人の手を煩《わずら》わせるものが多いのです。例えばお母さんが急いで夕食を作っているときに、自分も包丁を使ってみたいと言いだしたりします。時間はないし、一人でやらせるには危険です。掃除をしていればほうきを使ってみたいと言いだしますが、子どもがやったあとにさ

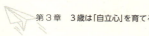

らに大人がやり直さなくてはいけないことを考えると時間の無駄のようにも思えます。洗たく物をたたんでいると自分もたたみたいと言いだしますが、ぐちゃぐちゃにたたまれたらまたやり直さなくてはいけません。

さらに、着がえのときには自分でボタンを留めると言いだしますが、うまくできずかんしゃくを起こします。お絵描きを覚えますが、きれいに描けずイライラし怒りだします。折り紙をやりだしたら思ったように折れずグチャグチャにしてまた怒りだします。

どれも、親にとっては対応するのが面倒なのは本当によくわかります。ですが、**ここでできるだけ、時間と心に余裕を持って、やりたいことをやらせてやるのです。**お手伝いをしたいという欲求は貢献への芽生えです。自分で上手にやりたいという思いは目標を持ち、達成するための自立の芽生えです。ここで、その思いを遂げてやると、数年後には自分のことは自分でやり、お手伝いもする子になります。逆にその思いを遂げてやらないと、ボタンは人任せにするし、手伝いもしない子になります。

大変なときもありますがじっくり寄り添いサポートすれば、**数年後には自分でやってくれるようになり、親はものすごく楽になるのです。**ここが正念場です。

お手伝いをしたがったら一緒にやって「ありがとう」と心から声をかけてやりましょう。そして、子どもの見ていないところでこっそりやり直してください。最低限のサポートをしつつやり遂げるのを手伝ってあげてください。

「やってみたい」思いを満足させれば自立した子になる

「やってみたい！」という気持ちを優先してやる

「やってみたい！」という意欲が見られるようになると、先ほど述べたようなお手伝いのような人とのかかわりがあるものの他に、折り紙、ブロックなど完成度を追求するものに興味を示すようになることが特徴です。

3歳はコミュニケーション能力が著しく発達する時期でもあり、同時に手先が器用に使えるようになる時期でもあるのです。 そしてこれらの欲求を満たすことを通して、人に喜んでもらうことの喜びと、やりたいと思ったことをやり遂げる達成感を経験します。

この「やってみたい！」という思いをたくさん実現すると意欲のある子に育ちますが、やらせてもらえないと子どもの積極性が育たなくなるのです。「やりたい」と言ったことをやらせましょう。できないとわかっていてもやらせるのです。できないことだから、挑戦させる。すると、何回か繰り返すうちに、できるようになるのです。

人のせいにする子に
しないために
責任感を教える

3歳頃に大切にすべき、とても重要な要素があります。それは、**「責任」を教えること**です。

女の子はうまくいかないと助けを求めたりするのが得意ですし、失敗したり迷惑をかけたりすると「ごめんなさい」と気持ちを上手に伝えることができます。それに比べて男の子は、自分一人で最後までやりたがって失敗したり、失敗しても認めたがらなかったりします。**人のせいにしたり、投げ出したりする子にならないよう、男の子には責任感を教えなくてはいけません。**「自立」（自分でやる）とともに「責任」を教えていくのです。

例えば、

- おもちゃを使ってもいいけど、片づけなくてはいけない
- 服を汚してもいいけど、洗たくしなくてはいけない

・コップの水をこぼしてもいいけど、ふかなくてはいけない

といった感じです。

「やってみたい！」ということを自分でやりだすと、その行為によって周りの人にいろいろな影響があることがわかってきます。今までは子どもだからとお母さんも無条件で手伝ってあげていましたが、3歳頃になると子どもも自分の行動に責任をとることを学ぶようになります。だから、

「また散らかして！」
「洗たくが大変でしょ」
「またこぼして！　気をつけなさい！」

と怒るのではなくて、一度、深呼吸して冷静になったあと、

「おもちゃは元の場所に片づけてね」
「自分で汚した服は自分で洗ってね」
「水をこぼしたらきれいにふいておいてね」

と責任をとることを教えてあげてください。もちろん一人で上手にはできませんが、**一緒に手伝ってあげて、自分の行為には自分で責任をとる経験をさせてあげましょう。**

失敗させて、自分で処理させると責任感が育つ

どうやって
責任をとることを
教えるか？

ある3歳の男の子のお母さんから相談を受けました。子どもさんは水たまりを見つけるとすぐにバシャバシャと入っていくのだそうです。汚れるからやめなさいと言ってもおもしろいみたいで、とお母さん。雨の日のあとなどは、汚れた靴やズボンを洗うのが大変です。ましてや水たまりに入ってしまったら、靴やズボンの汚れを落とすのもひと苦労です。お母さんの仕事が増えますね。

ここまで何回も書いてきましたが、**子どもにとってはすべての行為に意味があります。**水たまりに入りたがるのも、水に入ったときの感触、バシャバシャと踏みならしたときの水のはね具合、泥と水との混ざり具合、そういうことを学ぶため、すべてが理科の実験のように学びへの欲求からきているのです。子どもがこのように興味を示したときはぜひ、迷わずやらせてあげたいものです。

しかし多くのお母さんは子どもが水たまりに入ることを嫌がります。その理由は汚されたくないからですね。つまり親の事情と子どもの学びたい欲求が反してしまうのです。子どもが小さいときはお母さんもやらなくてはいけないことが山ほどありますから、できるだけ仕事は増やしたくないものですね。

ただ、**今まではその負担がお母さんにすべてのしかかってきましたが、それを子どもが一人でできるようになるとしたらいかがですか？**　3歳になるといろいろなことが理解できるようになる上、自立心が芽生えているので、自分の行動に責任をとることを覚えさせることもできるようになるのです。

私はお母さんにぜひ水たまりに思いっきり入らせてあげるようにお話ししました。ただし、お母さんが服や靴を汚されたくないのなら、

「服や靴が汚れたら自分で洗ってね」

とその意思をしっかり伝えてくださいと言いました。ここで、

「汚さないでね」

とは言わないでください。**あくまでも、自分の行動に責任をとらせることが目的**

ですから、むしろ汚して洗う人の苦労を知るべきですし、そうした経験の末に自分の意思で汚さないようになるからです。

早速、お母さんは実践してくださいました。子どもが水たまりに入りそうになると、「水たまりに入ると靴が汚れるから、汚れたら自分で洗ってね」と伝えたそうです。

そしてその晩、その子どもはお母さんと一緒に靴を洗うことを覚えました。子どもにとっては靴を洗うことも楽しいものです。そしてそれを繰り返すうちに、水たまりに入る前に、

「ママ、靴を自分で洗うからね」

と言うようになったそうです。

もちろん自分で洗っても上手に洗えるわけではありませんし、お母さんの手を煩

わせるのはやはり同じです。けれどもその後、靴を汚したら自分で洗わなくてはいけないことを覚えたその男の子は、時に「今日は靴を洗いたくないから遊ばないね」と言うようになったり、長靴をはきたがったりするようになったそうです。自分で考え、水たまりに入るのはやめようと思うようになったり、工夫することを覚えたのですね。

この**自分の行動に責任をとることを教えると子育てが驚くほど楽になります。**なぜなら、子どものやりたいことをすべて「いいよ」と聞き入れられますし、親が始末をしなくてよくなりますから。子どもの要求を気軽に受け入れられるようになります。怒る回数も減りますよ。自分で自分のことをできるようになるのですから。

責任のとり方を教えれば、子育ては楽になる

男の子のけんかを やめさせたければ 交渉力を育てる

3歳くらいになってくると、友だちとのかかわりを好むようになります。**友だちと楽しく遊べるようになる反面、けんかも多くなってきます。**男の子は時には、取っ組み合いのけんかをしたりします。それは言葉で上手に自分の思いを伝えられる女の子に対して、男の子は伝えられずイライラする感情を体で爆発させるからです。

けんかについては、最初は大人が仲裁に入り解決しなければなりませんが、少しずつ、自分たちで考え、解決できるようにならなくてはいけません。**社会で必要な「交渉力」を身に付けていくと、社会を渡り歩く力をつけるようになるのです。**

例えば、ご家庭での兄弟げんかについて考えてみましょう。わが家でも兄弟げんかは絶えません。先日はテレビでどの番組を見るか、でけんかをしていました。

「俺が先に見る！」

「僕は違うのが見たい！」

「俺が見る！」

「僕だって見たいんだもん！」

「ママ〜」

弟が私のところにやってきました。きたきた……。私に問題を解決してほしいってことですね。

「そっか〜、二人とも見たいものが違うのね。どうしようか？」

「そうだ！　ジャンケンで決めよう！」

と3歳の弟が言いました。なかなか正当な意見ですね。

「ジャンケンじゃなくて、話し合いで決めてほしいな」

「でも保育園の先生がいつもジャンケンで決めなさいって言ってるよ」

ジャンケンが悪いわけではありません。でもこれから子どもたちが生きている社会では、ジャンケンで片づかないこともあります。**争いごとは子どもにとって人間関係と交渉を学ぶ最高の場です。**せっかく「もめている」のですもの。さまざまな問題解決をこの頃から教えてあげたいですよね。そこで、とにかく話し合いで解決するように三人で話し合いました。しかしその後も、二人は、

「僕が見る」

「俺が見る」

と言い合っています。一方で、見ることのできる時間も少なくなってきました。もめていては時間切れになってしまいます。

- ジャンケンで決める↓弟が負けてだだをこねる
- 今日見なかった人は明日見られる↓どちらも今日見たいと譲らない
- 二人で10分ずつ見る↓どちらが先かでさらにもめる

いくつか案が出ましたが話し合いは長引きました。タイムリミットが近づいていています。このままでは二人とも見られずに終わってしまいます。そこでお兄ちゃんが画期的な提案をしました。

「今日我慢した人は明日と明後日、2日間見ていいっていうのはどう？」

弟には、今日見たいという思いと、今日我慢すれば2日間連続で見られるという条件、どちらがいいのか判断がつかないようでしたが、お兄ちゃんの方が「俺が今日我慢するよ」と言うと「じゃ、僕が今日見てもいいの？」とうれしそうにしています。ここで一件落着しました。弟がその日にテレビを見て、次の日と、その次の日お兄ちゃんが見ることで納得しました。

弟は残った5分間だけテレビを見て寝ました。どちらかというと弟にとって不利な条件だったかもしれませんが、「今すぐに見たい」という弟の希望は十分に満たされていたので、交渉成立といっていいと思います。

けんかをするとつい、お兄ちゃんに対して、

「見せてあげなさい」

「我慢しなさい」

と言いたくなりますが、**交渉とは争いが起きたときに、どちらも満足する第3の案を考え出すことです。**ジャンケンなどでは、どちらかが勝って満足し、どちらかが負けて我慢することとなります。ましてや、

「お兄ちゃんだから我慢しなさい」

などと言われてしまっては、お兄ちゃんは常に諦めなくてはいけないことになりますね。それは良い解決とはいえません。


問題解決ができるようになると争いが減ります。毎日同じようにけんかを繰り返すことについて、問題解決の機会を与えてあげてくださいね。

けんかでは両方が納得いく方法を考えさせる

言ったことを
繰り返してやると
男の子は安心して、
自立していく

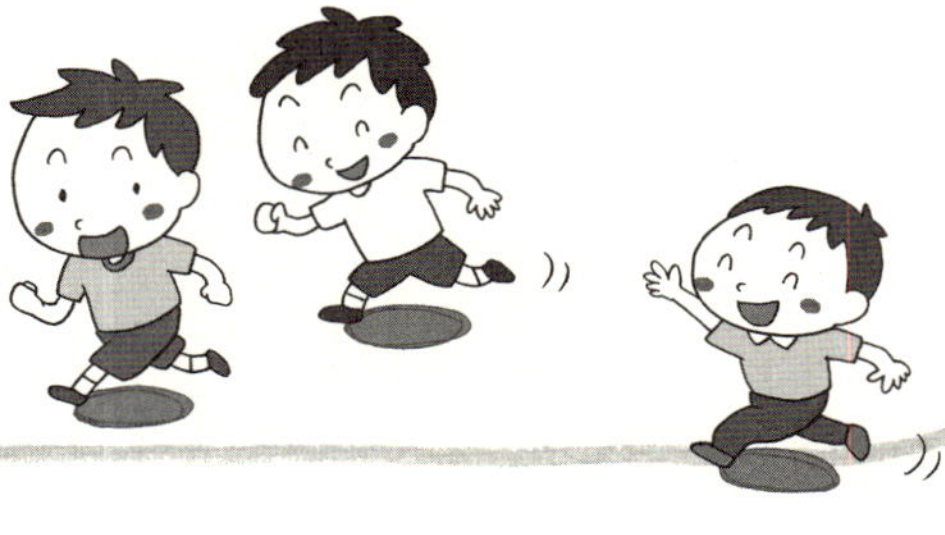

自立心が芽生えるこの時期になると人とのかかわりが多くなるので、トラブルも増えます。相手が自分の思いに共感しているかどうかが気になりますので、大人がしっかりと意見することで善悪を学んでいきます。このためには、次のようなポイントがあります。

- 子どもの言ったことを繰り返す
- そのときの感情を言葉にして言い替える
- 相手の立場にたって言い替える

この時期の男の子は「やってみたい」という気持ちを満たすことで自立心が育ちます。ところが、何をするにも大人がそのやり方に口を出してしまっては、大切な考える力が育ちません。子どもが何かの問題にぶつかったり困ったりして親に助けを求めてきたときは、同じ言葉を繰り返してあげて行動を「承認」してあげたり、感情を言葉に表してあげて「共感」してやると、自分で行動する力をサポートできます。

ある男の子が3歳になったとき、言葉が増え、友だちとの言い争いも多くなってきました。その男の子は争いになると、必ず先生のところに来て、

「お友だちがね」

と必死に訴えます。こんなときには、**「繰り返し」**がいいのです。

「先生、○○くんがたたいた～」

「○○くんがたたいたのね」

「ここ、すっごい痛いんだよ」

「そう、すっごく痛かったのね」

「そう」

「それで?」

と、しばらく顔を見合わせたままの沈黙が続きます。どうやら、先生の反応は、その子が期待していた反応と違ったようです。しばらく沈黙の末、先生からの意見

がないのを知ると、

「それだけ」

と男の子は答えました。そして、また友だちのもとへ戻っていきます。そんなやりとりが、１日に何度も繰り返されます。

ほんとに何度も何度も懲りずに先生のところにやって来ます。ところが、そんなやりとりも**次第に変化してくる**ものです。

「先生、友だちが～」

「そう、友だちが？」

「……それだけ」

と、これだけですっきりした顔で戻っていくようになるのです。聞いてもらえるだけで満足するのですね。もう事実の報告すらありません。先生のもとに駆け寄らなくなるのもきっと時間の問題です。

男の子のけんかはひどいときは心配になるほど激しいもの。どうやって対応したらいいか悩みますね。ましてや泣いて訴えてきたりしたら、すかさずその場に行って、

「何があったか話しなさい」

「お友だちにはやさしくしなくてはいけません」

なんてつい言ってしまいますね。

社会に出たら助けてくれる先生はいません。**年齢にかかわらずもめごとが起こったときの正しい解決方法を学ばなくてはいけません。**本当に問題が深い場合はしっかりと仲裁に入らなくてはいけませんが、些細《ささい》なけんかも多くあります。そんなときは、こんなやりとりが効果的です。

子どもが先生にけんかを言いに来るのには理由があります。それは必ず先生が助けてくれるからです。きっと以前、先生に言いつけて、期待通り先生が友だちのこ

とを叱ってくれた経験があるのでしょう。

でも先生も永遠に子どものけんかでどちらかを助け続けるわけにはいかないのです。どこかで子ども自身で解決する方法を編み出さなければならないのです。その方法を編み出すことは、**学校や社会での人間関係の問題に直面したときに、大いに役に立つはずです。**その状況を脱するには、承認と共感が役立ちます。

子どもに本当に必要なのは、「良い」「悪い」の評価ではありません。**誰かに自分の痛みをわかってもらえること**なのです。痛みをわかってもらえれば、子どもは今までの怒りがすっと収まるのです。先ほどのようなやりとりをすると、先生に聞いてもらえると怒りが収まる、という素晴らしい効果を学びます。それを繰り返しているうちに、次は友だちに話しても同じ効果があることに気づきます。そして時には人ではなく他の方法でも怒りが収まることを知るようになります。そして自分の感情は自分でコントロールできることを知るのです。

○「繰り返し」で感情のコントロールを学ばせる

男の子の叱り方を間違えると依存心を植えつける

３歳を過ぎた子どもは、人の言うことを理解し判断する力がついてきますので、正しい叱り方をすればしっかりと理解できるようになります。ところが、**感情的に怒ることを繰り返すと、子どもは怒られることに恐怖心を抱き、大人の言うことに従う依存した子どもになってしまいます。**

女の子は強く叱ると「ママなんて大嫌い」なんて反撃してきますが、男の子は強い言葉に弱いので、反論できず、心に傷を抱え込みます。叱り方には注意してください。

ただ怒るのではなく叱ることが必要なのです。「怒る」とは感情から来るものなので、相手の心に痛みを与え、反抗や逃避へと追い込みます。「叱る」とは相手を認め、ある特定の行為を改善するために意図的に行われるものをいいます。「怒る」とは子どもの存在まで否定してしまうこともあるので注意が必要です。

「ママの子じゃないわ～」

「ほんとにバカなんだから」

「何度言ったらわかるの？」


なんていう言葉は言わないようにしましょう。お母さんも人間ですから怒ってしまうこともありますが、こういう言葉は**子どもの自己肯定感を傷つけます。**自信をなくさせてしまうのです。お父さんお母さんからこう言われると大いに心は痛みますが、どう改善していいのかはわかりません。傷つき、戸惑います。

そこで、ある特定の行為を改善するように、冷静に伝えるのです。


「約束は守りなさい」

「人の話は聞きなさい」

「帰ったら手を洗いなさい」

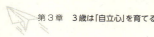

などですね。どれも次にすべき行為が子どもにはっきりとわかります。

そして「怒る」と「叱る」にはもう一つ違いがあります。「怒る」ときはマイナス面と過去を見ているのに対して、「叱る」ときはプラス面と未来を見据えています。しっかりとすべきことに目を向けて成長できるよう、思いきって「叱る」覚悟を持ってください。

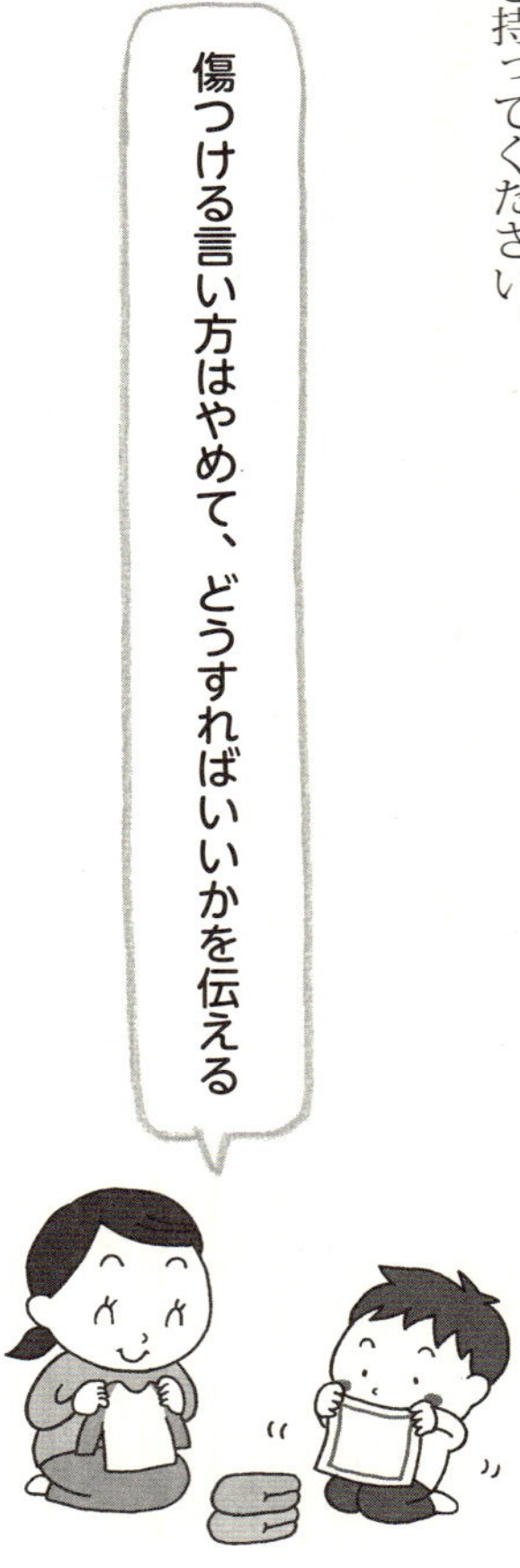
傷つける言い方はやめて、どうすればいいかを伝える

第4章

4歳は「我慢する心」を育てる

だんだんわがままを
言いだす時期。
子どもに屈しないと
心に決める

４歳くらいになると、徐々にわがままが出てきます。男の子は言葉でうまく自分の思いを説明できないので、イライラした感情を体全体で表現したり、頑《かたく》なに同じ行為を繰り返したりします。

このような子どものわがままに困った経験は、お母さんなら誰でもあることでしょう。しかし、わがままを言う子どももいれば、あまりわがままを言わない子もいます。どこが違うと思いますか？　わがままを言わない子もすべてが自分の思い通りにいっているわけではありません。どの子も同じように欲求があり、欲求が満たされないこともあるのです。ただ、**その気持ちをどう処理するのか知っているのです。**

例えば、ある日のスーパーでの出来事です。子どもの泣き叫ぶ声が聞こえるので、振り返ってみると４歳くらいの男の子がお菓子の箱のようなものを持って、「買って！　買って！」とかなりの声で泣き叫んでいます。ところが見渡しても、お母さんらしき人は近くにいません。
　すると少し離れたところから「買わないって言ってるでしょ」とお母さんもなかば、子どもを置いていきそうな気配で叫んでいます。よくある光景ですね。おそらく、子どもがお菓子を買ってほしいと泣き叫び、お母さんがダメと言っているのでしょう。しばらくしてその親子に再び会うと、子どもはすっかり泣きやんでいました。諦めたのかなと思っていたら、しっかりと手にはお菓子を握っていました。どうやら、お母さんが根負けして、お菓子を買ったようです。

　子どもは、経験上の成功例に従っているのです。この例のように、お菓子が欲しいと泣き叫ぶ子の多くが、泣き叫ぶと買ってもらえることを知っています。**子どもの行動はすべて経験によって学んだ成功法則なのです。**この4歳くらいの男の子が、満足そうにお菓子を握って泣きやんでいたのを見ると、次のような段階をふんでいることがわかります。

1．子どもがお菓子を買ってほしいと頼む
2．お母さんがダメと言う
3．どんなにダメと言われても、大声を出して泣き続ける
4．お母さんは諦めて「今日だけね」と言ってお菓子を買う
5．子どもは泣きやむ

わがままを言ったら買ってもらえるということを、子どもはわかっているのです。

このままにしてしまうと、我慢ができない子どもになってしまいます。４歳くらいになったら、言葉もわかるので、我慢することを覚えられるようになります。まず、**子どもの泣き落としに負けない！　と心に決めてください。**

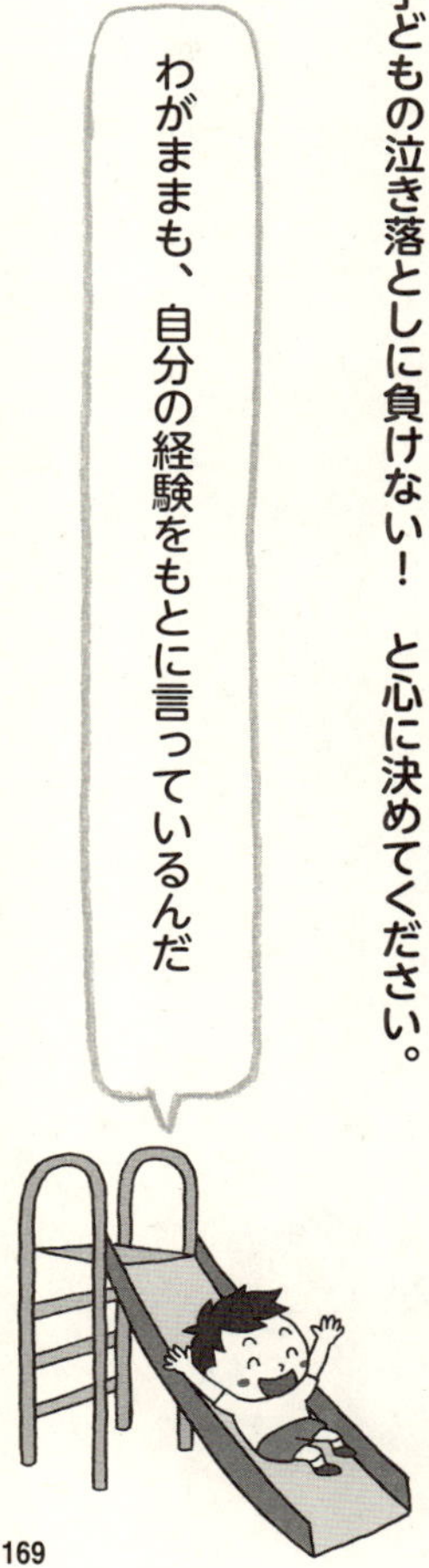
わがままも、自分の経験をもとに言っているんだ

待てる子にするための「いいよ」話法

我慢できる子にしようと決めたら、まずは「待つ」ことから教えてください。今、子どもがしたくてたまらないことを少しだけ待たせる練習をします。そして待つことのできる時間を少しずつ長くしていくのです。

すぐにわがままを言う子、思い通りにならないと泣き叫ぶ子は、この先、自分の願いはかなうのか、またはいつかなうのか、どうすればかなうのかがわからず、欲求不満な状態になっているのです。**まずは「いいよ」と言って欲求を受け入れ、少し待てば欲求はかなうことを教えてあげるのです。**以下に例をあげてみます。

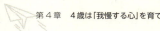

「ねえ、ママ見て！」と言われたら、
「だめ、今忙しいの」ではなく、
「いいよ、５分後ね」とはっきりと時間を伝えます。

「ねえ、ママ滑り台やってもいい？」と言われたら、

「だめ、時間がないから」ではなく、
「いいよ、5回だけね」と子どもの理解できる数で答えます。

「ねえ、おもちゃ買って」と言われたら、
「だめ、買わないって言ってるでしょ」ではなく、
「いいよ、誕生日にね」と具体的にいつなのかを教えます。

ポイントは必ず「いいよ」と一度受け入れたあとに、今すぐではなく少し待てる程度の具体的な時間や日にちをはっきりと言うことです。「だめ」と言われると子どももむきになって自分の主張を貫こうとしますが、「いいよ」と言われてしまうと反抗心が弱まります。

また、あまりに無茶な条件をつけてはいけません。これはあくまでも待つことを学ぶための方法ですので、少し頑張ればできそうな時間や日にちにすることがポイ

ントです。

先ほどの買い物の件を例にあげると、

「お菓子買って！」とせがむ子どもに

「いいよ。ぜんぶの買い物が終わったらね」

とやさしく答え、意思を貫いてください。そして、約束は守ってください。

買ってもらうためならすべての買い物が終わるくらいは待てるでしょう。それができるようになると少しずつ待つ時間や日数を増やします。

「いいよ。明日ね」

「いいよ。日曜日にね」

最終的には、決められた日まで待つことができるようになります。

「お菓子は毎週日曜日だけ、買い物の最後に買う」

といった具合に。

決めるときは必ず親子で同意できるルールにしてください。お母さんの一方的なルールでは子どもは従いません。**きちんと話し合い、ルールを決めると、不思議と自分で決めたルールということで、それを守ろうとします。**

「今日はお菓子を買えない日だね」

なんて自分で言うようにもなります。そうしたらすぐに、

「お約束を守れてうれしいわ」

と小さな我慢をしたことを認めてあげます。そのうち、

「今日は日曜日じゃないから買い物一緒に行かないね」

なんて言うようにもなるんですよ。

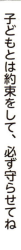

×　頭ごなしに「ダメ」と言う

○　子どもが待てるときまで待たせる

自分で乗り越える力を育てる話し方

わがままな子、我慢のできない子は、今目の前で起こっている現象にどう対応していいのかわからず、そのままイライラした感情を態度に表してしまいます。どうすれば自分の欲求が満たされるのか、または自分の欲求不満が解消されるのかがわかれば、感情を抑えて我慢することができるようになります。そのためには**物事の因果関係を会話の中で教えてあげると効果的**です。

例えば「暑い！　暑い！」と騒ぐ子どもには、

「暑いから、服を1枚脱ごうね」

「おなかすいた！」と言う子どもには、

「3時になったら、おやつにしようね」

「疲れた～！」と言う子どもには、

「疲れたから、休もうね」

といった具合です。大人からすると当然のようですが、子どもにとっては因果関係をつなぎ合わせることは、意外と難しいのです。こういうときはこうしよう、という提案をしっかり言葉にし、大人が具体的に示してあげましょう。

保育園まで20分かけて歩いて通ってくる4歳の男の子がいました。いつもお母さんと一緒に楽しみながら通ってきますが、時に「疲れた〜、おんぶ」と言ってだだをこねるのだそうです。まだ4歳といっても毎日、保育園のたびにおんぶをさせられていては、お母さんもくたびれてしまいます。どうすればいいでしょうか。

子どもが疲れたからおんぶしてほしいと思うのは、今までの経験の中で、疲れてただをこねたときに、おんぶをしてもらってうれしかった経験があるからです。そして**疲れたときの解決策として、おんぶしてもらうという1つの選択肢しか知らないのです。**

この「おんぶ」という手段さえも思いつかない子は、「疲れた、疲れた」とだけ言って騒ぎます。先ほどの例にあったように、疲れたから休むのは大人にとってはごく一般的な考え方ですが、これを子どもに教えてあげる大人は少ないようです。

そこで、子どもが疲れたと言うようになったら休むように、お母さんに先ほどの話し方を勧めてみました。子どもが「疲れた～」と言いだしたら、**「疲れたから、少し休もうね」**と言って、近くのベンチに腰かけることにしたのです。

すると子どもは思いのほか素直に聞き入れて、一緒にベンチに座りました。しばらくたって「もう行く」と自分から言いだすようになったそうです。疲れたら休めばいいんだという因果関係を１つ学んだのですね。毎日通っているうちに、その中間地点でベンチで休むことが習慣になったそうです。

たくましい男の子にしたければ、何でも人のせいにせず自分で乗り越えられる力

を育てなくてはいけません。子どもはまだまだ経験が未熟で時にちょっとした大人の手助けが必要です。そのちょっとした手助けが「小さな提案を一つしてあげる」という方法なのです。

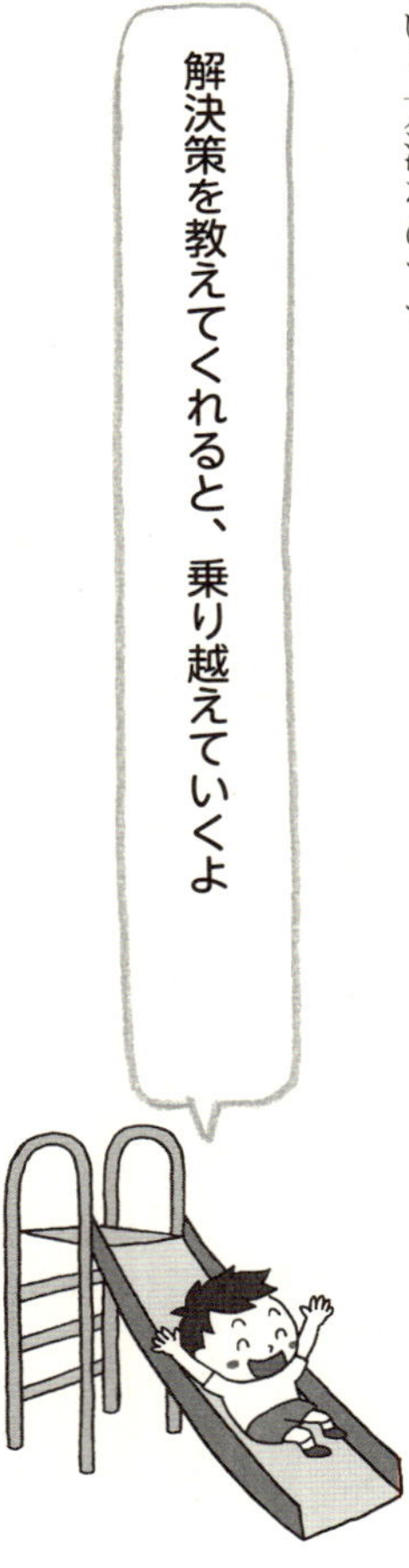

お父さんの育児参加が多いと我慢できる子になる

お父さんの育児参加が多い家庭では、**子どもは困難に打ち勝つ力が育つ**といわれます。それは、男性はとにかく経験し結果を出すことを重要視する傾向があるからです。地図を見たとき、女性は次にどこを曲がるのかを確認します。いっぽう男性は、目的地の方角を調べ、方向さえ正しければ途中どこで曲がろうが気にしません。

子どもと散歩をしていて、子どもが「疲れた」とだだをこねたときも、お父さんは目的地に着きさえすれば途中どれだけ休憩しようと気にしません。

お父さんは、時に子どもの意見を聞き入れないことさえありますが、それでも必ず目的地に着くために子どもを導いてくれます。

このように、お母さんとお父さんではやり方が異なるのです。**子どものわがままに疲れたときは、思いきってお父さんに任せてみましょう。**きっとお母さんとはまったく異なる方法を探してくれます。たまには男同士で出かけてもらってください。子どもは大胆な経験をたくさんして、たくましくなって戻ってくることでしょう。

第5章

5歳は「思いやりの心」を育てる

男の子の思いやりを育てるには体験が土台になる

女の子に比べて男の子は、人の気持ちを察《さっ》することが得意ではありません。女の子は、自分の経験がなくても、相手のつらい境遇を想像することができますが、男の子は自分の体験をベースに共感します。そのため男の子の場合、**人のつらさを知るためにはつらい体験を、悲しさを知るためには悲しい体験をすることが必要になります。**

思いやりの心は共感する力が発達してくる5歳頃に育ちます。人にやさしくするためには、その人の立場にたって、その人の気持ちになってみないとわかりません。お友だちとおもちゃの取り合いをして、ついたたいてしまったりするのは、思いやりがないのではなく、**ただ単に自分がそのおもちゃが欲しい**だけなのです。どうにかして手に入れたいという思いが強くて、ひっぱったり、たたいたりしてしまうのですね。

そんなときに「たたいちゃだめだよ」と言っても、「だって、欲しいんだもん」

と子どもが答えるのは仕方ないことです。

共感する力というものは、さまざまな付き合いを通して学んでいくものです。人から意地悪をされれば、意地悪をされたときの気持ちがわかるし、やさしくされればやさしくされたときの気持ちがわかるというように、経験をもとに備わっていく能力なのです。

体操のクラスで、今まで習った動きを一人ずつ発表してみるという機会がありました。こんなとき張りきってやる子もいれば、自信なさげにする子どももいます。お友だちの3歳の子が挑戦しようとしているときに、5歳の男の子が「頑張って!」と心のこもった声をかけました。実はこの頑張ってという言葉、よく聞くようですが未就学前の子どもはあまり言わない言葉なのです。

声をかけた男の子は、**緊張に耐え挑戦しようとするときのお友だちの気持ちを、きっと自分のことのように小さな痛みとして感じた**のでしょうね。とっても温かい言葉でした。思いやりや共感は人の痛みを感じるところから芽生えます。頑張ってと応援する気持ちは、小さいながらもそれを乗り越えたという経験から生まれる感情なのです。

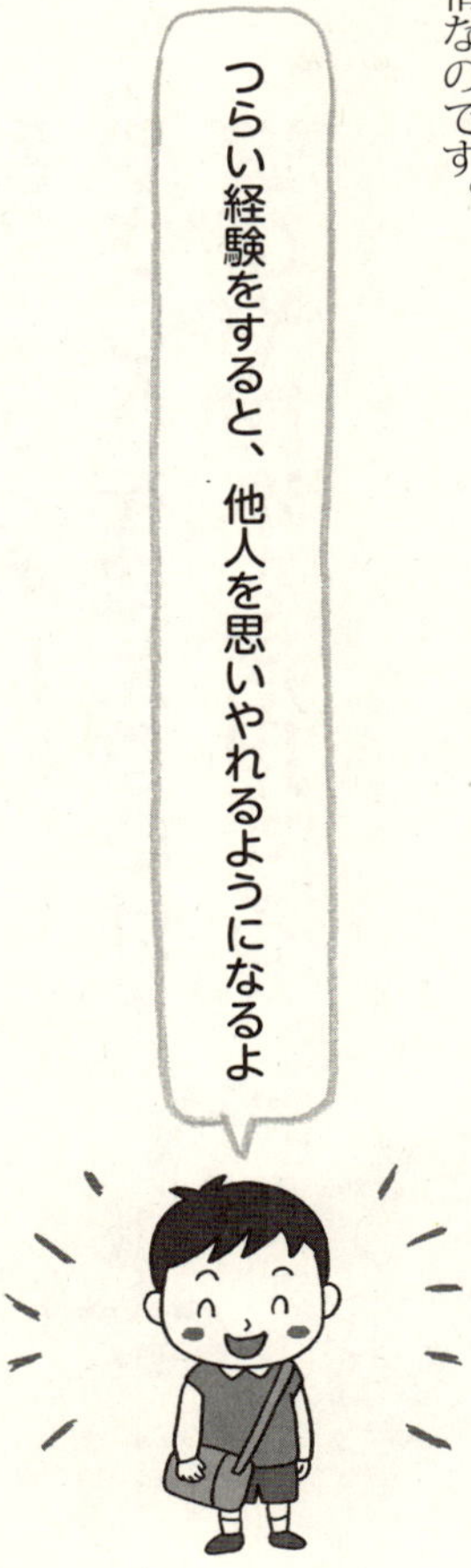
つらい経験をすると、他人を思いやれるようになるよ

乱暴な子どもに やさしさを教えるには 遊びや絵本を活用する

男の子が思いやりの気持ちを持つのには、つらい体験をするのが一番なのですが、その他にも、**ごっこ遊びや絵本**が役立ちます。

ごっこ遊びとは、おままごとやお医者さんごっこ、お人形ごっこなどのことをいい、人形と話をしたり、医者になりきったり、お母さんやお父さんになったりすることが特徴の遊びです。**このごっこ遊びは社会の役割と人との関係性を築くために行われるものといわれています。**

日常生活の中では自我を通すことに一生懸命な子どもたちも、ごっこ遊びでは自分以外の存在になりきったり、絵本では登場人物に自分の気持ちを投影したりできるので、**共感する力が育つ**のです。

少し乱暴な行為が見られる、5歳のある男の子がいました。とても元気でいいのですが、思ったり考えたりせずに行動するようなところがありました。お友だちと遊んでいてもすぐに物を取り上げたり、思うようにいかないと押し倒したり。気になる子には遊びたい気持ちを上手に伝えられず、逆に意地悪をしてしまったりするのです。

先生はそのたびに「乱暴するのはやめようね」と言って聞かせますが、その子は先生とあまり目を合わせず、先生の言っていることが本当に伝わっているのか、わからない感じでした。そして、しばらくすると、いつもの行動に戻ってしまいました。

この話を聞いて私は、「この子は決して意地悪なわけではなく、自分の気持ちのままに行動するので、相手の存在や気持ちまで考えがいたらない」のではないか、と思いました。そこで、この子には「ごっこ遊び」が有効だと思い、試してもらいました。人形を使って、その子がお友だちにやることを、その子自身に見せるのです。

男の子はあんまり「ごっこ遊び」を好んでする方でもありませんが、それでも先生がお人形を持って遊ぼうと声をかけると喜んで遊びだします。先生がウサギさんのお人形を持ち、その男の子はクマくんを持ちました。ウサギさんが「ねえ、遊ぼうよ」と、男の子が持っているクマくんに声をかけます。

「いいよ。何して遊ぶ？」

「積み木をしようか」

「いいね。いいね」

と楽しそうにクマくんとウサギさんは積み木を始めました。すると、急にウサギさんが、「あ～ん。うまくできないよ。もうやだ！　積み木やめる！」と積み木を壊して暴れだしてしまいました。**いつもの男の子の行動を、まねしてみたのです。**

それを見た男の子はどうするでしょうか。クマくんは突然のウサギさんの態度に驚いて、しばらくじっと見ていましたが「大丈夫だよ。できるよ」とウサギさんに声をかけだしました。

ウサギさんが、「できないもん。ほら！　すぐ崩れちゃうでしょ」と言うと、「ゆっくりやってごらん。こうやって」とクマくんが見本を見せてくれます。なんとかウサギさんをなだめようとクマくんも必死の様子でした。あの手この手でアドバイスしますが、ウサギさんはわがままばかり。それでも、根気強くウサギさんに付き合ってくれました。

クマくんが手伝ってくれたおかげでなんとか積み木のお城は完成し、最後にウサギさんが言いました。

「クマくん、ありがとう」

このウサギさんの行動は、先生が意図的にクマくん役の男の子のいつもの行動を再現したものです。クマくんは、ウサギさんの突然のわがままにかなり戸惑った様子でしたが、最後までウサギさんのために力を貸してくれました。

この男の子はやさしい気持ちも持っていますし、冷静になれば人を思いやることができることがわかりました。これがクマくんとウサギさんでなければ「わがままばかり言わないでよ。もうやめた！」なんてことになりますが、不思議とクマくんとウサギさんの関係には理性があり、クマくんはどんなにわがままを言われてもその場を投げ出すことはしませんでした。

男の子と先生は、毎日積み木の遊びを繰り返し、そのたびにウサギさんが泣き叫ぶことを続けると、そのうちクマくんは、遊ぶ前に、

「手伝ってあげるからね。今日は泣かないでね」

と**思いやることを覚えました。**

その頃から男の子の問題行動は極端に減っていきました。もちろん時にはちょっとわがままな面も見られますが、そのたびにクマくんとウサギさんの遊びを繰り返すことで、言葉で叱るよりもはるかに効果があることがわかったのです。

ここでもう一つ大切なことをお伝えします。**人にやさしくする最大の理由は、相手が喜んでくれることです。** やさしくすると相手が喜んでくれるんだということを子どもに理解してもらう必要があります。ですから最後に「クマくん、ありがとう」の言葉は絶対に忘れないようにしてくださいね。

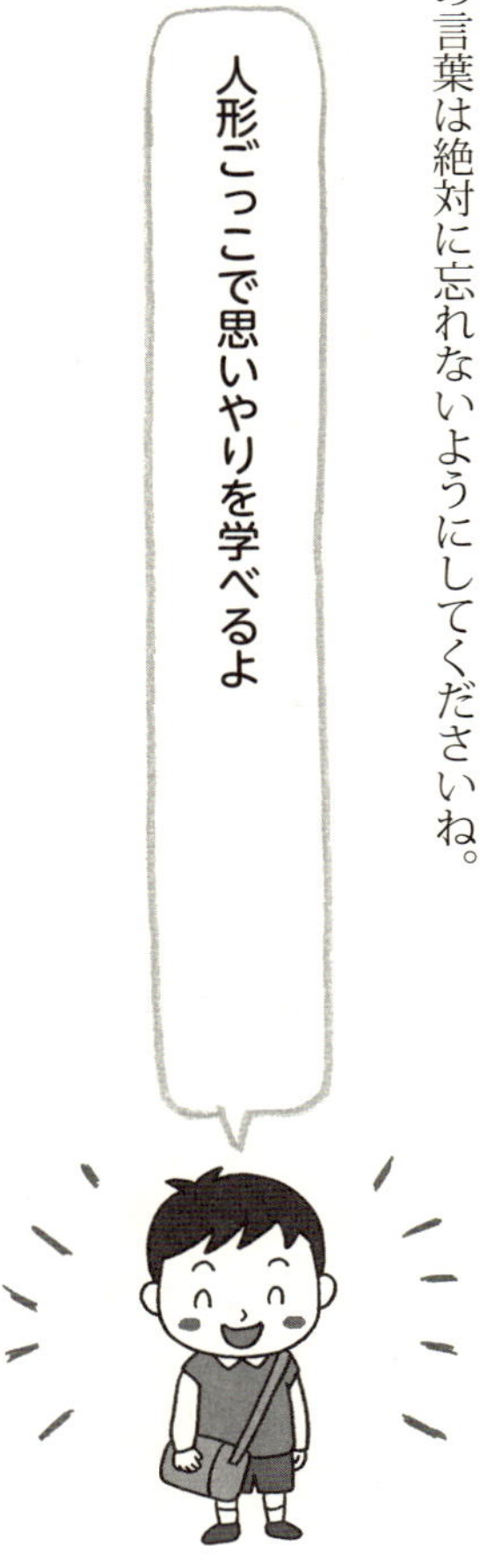

心のこもった「ありがとう」「ごめんなさい」がやさしさをはぐくむ

男の子は女の子に比べて気持ちを言葉に表すのが苦手です。悪いことをして本当は僕が悪かったな、と思っていても「ごめんなさい」と言えなかったり、やさしくされてほんとはうれしかったのに「ありがとう」が言えなかったりします。

けれども、**子どものうちに「ありがとう」「ごめんなさい」を言える子にしておくことは大切なこと**です。

お友だちからお菓子をもらった子どもに「ありがとうって言ったの?」とお母さんが言い、その言葉を受けて「ありがとう」と子どもが小さい声で言う。または悪いことをした子どもに「ごめんなさいは?」とお母さんが言い、その言葉を受けて「ごめんなさい」と子どもが不満げに言う、なんてことはよくあることですね。お母さんは「ありがとう」「ごめんなさい」が言えるように、しっかりと言っているのに、子どもの方はどうも気持ちがこもっていなくて、言わされているだけになっています。

「ありがとう」「ごめんなさい」は気持ちがこもっていなくては意味がありません。しかしこれがなかなか難しいものです。どうすればいいでしょうか。

本当に心から「ありがとう」を言える子どもは、人から「ありがとう」を言われて、心からこの人のためにもっとやさしくしたいと思った経験がある子です。本当に心から「ごめんなさい」を言える子どもは、人から「ごめんなさい」を言われて公正な姿勢がどれだけすがすがしいかを心から感じた経験がある子です。**普段の生活の中で大人が自ら心のこもった「ありがとう」「ごめんなさい」を使うよう心がけてください。**

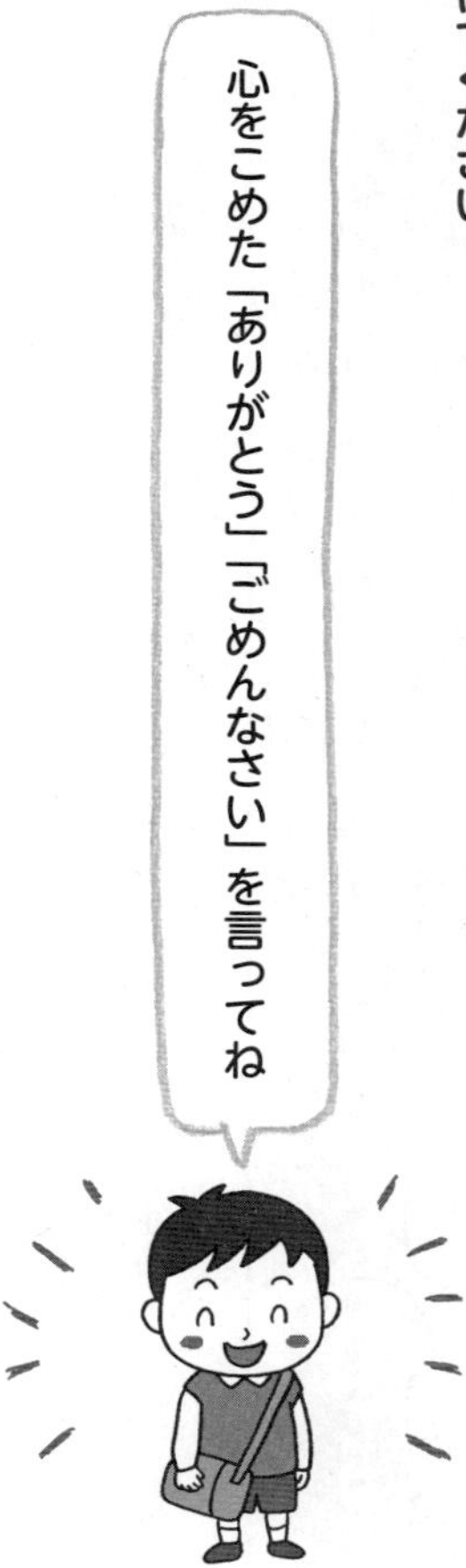

○心のこもった「ありがとう」を言ってあげる

男の子にとって お父さんの「ありがとう」「ごめんなさい」が 一番の手本になる

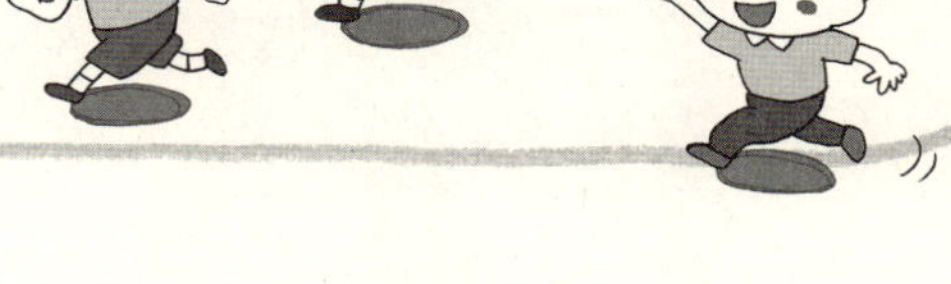

男の子には、**お父さんから「ありがとう」「ごめんなさい」を言ってもらうのが最も効果的**です。なぜなら男の子が気持ちを言葉で表すことが苦手であるのと同様、お父さんも気持ちを言葉で表すのがあまり得意でない場合が多いからです。

大きくて強くてかっこいいお父さんから「ありがとう」と言われたら、なんだか自分も強くなって、人の役に立てるような気がしてくるのです。いつも正しくて間違ったことをしないようなお父さんが「ごめんなさい」と言ったら、なんだか自分も正しい人間として認められたような気がするものです。

ある日曜日、お父さんが家具を修理しようと板と板と重ねて釘で留める作業をしています。そこに5歳の男の子がやってきました。

「危ないから近づくな！」

「邪魔だからあっちに行け！」

なんて言っていませんか？　これでは、好奇心はあっという間に打ちのめされるうえに、**人の役に立ちたいという欲求も次第に薄れ、自分のことしか考えられない子どもになってしまいます。**こんなやりとりが理想的です。


「何やってるのお父さん」

「ちょうどよかった。今釘を打とうと思っているんだけど、板を押さえておいてくれないかい」

「うん、わかった」

「よし、これで完成だ。押さえてくれたから、きちんと打てて助かったよ。釘を箱にしまってくれるかい」

「うん。いいよ。これでいい？」

「上手にしまってくれたね。落ちていたら危ないからな。手伝ってくれて、助かったよ。**ありがとう**」

このような場面では、意外にお父さんが「ありがとう」まできちんと言っていない場合が多くあります。必ずきちんと、「ありがとう」と言いましょう。本来、子どもはお父さんやお母さんにほめられることが大好きなのです。そしてお手伝いも大好きなのです。**人の役に立ちたいという欲求を持っているのですね。**こんなときは思いやりを育てる絶好のチャンス！　手伝うという奉仕の心を受け入れ、「ありがとう」と感謝される喜びを教えてください。

またこんな場合もあります。

お父さんがテレビを見ようと思ったらテレビのリモコンが見つかりません。疑われたのはさっきまでそこでテレビを見ていた5歳の男の子でした。

「さっきまでテレビ見てただろ。リモコンどこへやったんだ？」

「僕、知らないもん……」

「いいから探せ！」

「うん」

男の子は自分は知らないけど、仕方なく探しています。でもなかなか見つかりません。見つからない間、お父さんのイライラは募ります。

「まったく、どこにやったんだよ！」

とお父さんが椅子《いす》から立ちあがると、なんと椅子の上にリモコンがありました。椅子の上にあったことに気づかずに、お父さんがその上に座っていたのです。

「お父さん、あったよ！　僕じゃないって言ったじゃん」

「いいから、今度からしっかり片づけておけ！」

リモコンをなくしたのは男の子のせいではありません。こんなときはつい気まずくて、自分が子どもを疑った事実をあいまいにしてしまいがちです。しかし、こんなときは、お父さんが、

「お父さんが気づけなかったんだね。疑ってしまって、ごめんね」

と言うことが大切です。

子どもの疑われたという不信感はその一言で、一気に解消されます。あんなに怒っていたお父さんが間違いを認めたんですから、なんだかすがすがしい気分になります。つい「そうだよ。だから僕じゃないって言ったじゃないか」なんて言いたくもなりますね。**それほど、お父さんの「ごめんなさい」は子どもにとって大きな意味があります。**

子どもに自分の過ちを認め、真摯《しんし》に生きてもらいたいと願うのなら、まずはお父さんが堂々と「ありがとう」「ごめんなさい」と言ってあげてください。

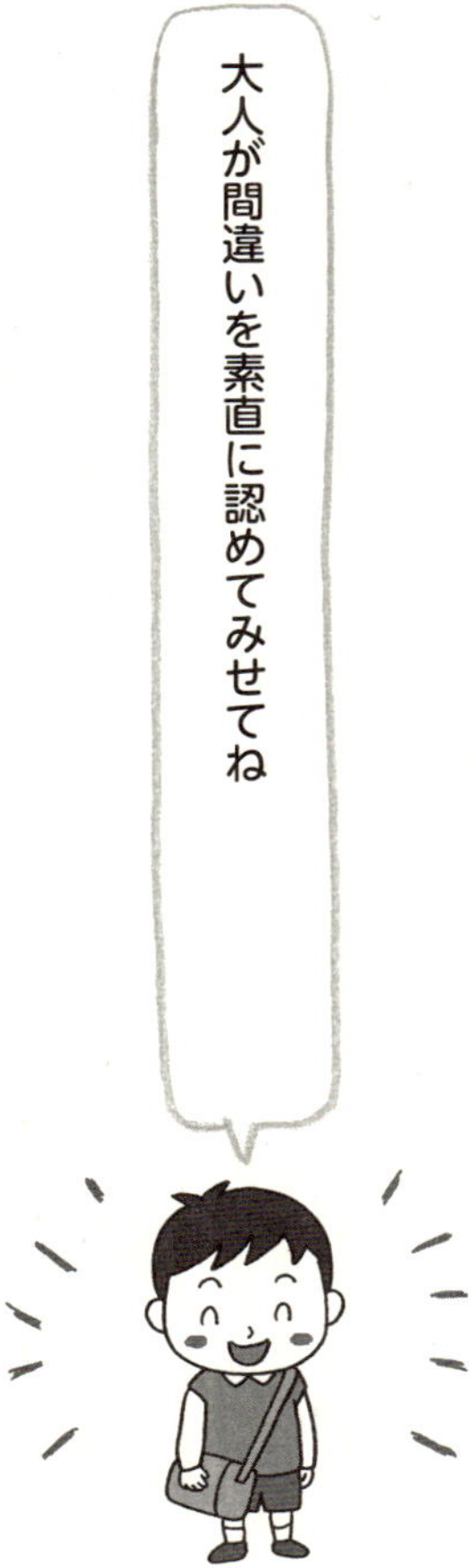

第６章

６歳は「自信」を育てる

自信のない子どもが増えてきているのはなぜ？

６歳までにしっかりとした自信を育てなければなりません。自信は自分が生まれてきた意味、生きている価値を認め、自分らしく生きようとするエネルギーになります。

子どもの自信に関する調査で、算数の勉強に自信があるかという質問に対しアメリカの子どもの70％が「はい」と回答しました。それに対して日本の子どもで「はい」と回答したのは20％。まさに日本人の自信のなさが表れていますね。算数に限らず、**「自分は存在するだけで価値がある」と言いきれる子どもは日本には少ないようです。**

自信のある子は、ない子よりも大人になってから能力を発揮する力を秘めているものです。人からの評価を気にせず多くのことに興味を示し挑戦できるからです。

ところが、ある年齢を過ぎると「僕はできないから、やりたくない」などという否定的な言葉を言いだします。それは、子どもたちを取り巻く限られた環境の中で、**いつも同じ年齢の子と、いつもある決まった尺度で比べられるから**です。誰かから愛されていると感じていると、こういう感情を乗り越えられるようになります。

さあ、ここで子どもの自信について簡単なテストをしてみましょう。子どもに次のような質問をしてみてください。


「あなたは誰かに愛されていますか？」

「それは誰ですか？」


この質問は6歳頃からが有効です。自信は6歳頃から差が出てくるのです。ただ、会話のできる3歳くらいでも可能です。愛されているという言葉がわかりづらい場合は、「あなたのことを大好きな人は誰？」と聞いてみてください。質問すると、次のような会話がよく交わされます。


「ママ！」

「ママなの？」

「そうだよ。だっていっつもぎゅってしてくれるもん。あとね、パパ」

「パパね」

「うん。パパは遊んでくれるから。あとね、おじいちゃんとおばあちゃん。おもちゃ買ってくれるから」

なんて答えが返ってくるといいですね。理由は何でもいいですが、**できるだけ多くの人があがってくると、本人の自信があるということ**です。

たまに「パパは僕のこと嫌いだよ。だって、いつも怒るもん」なんて厳しい答えが返ってくることがあるかもしれません。それは愛情が十分に伝わっていない証拠です。怒るのはいい子になってほしいからであること、そして愛しているという気持ちを言葉でわかるように伝えてあげてください。

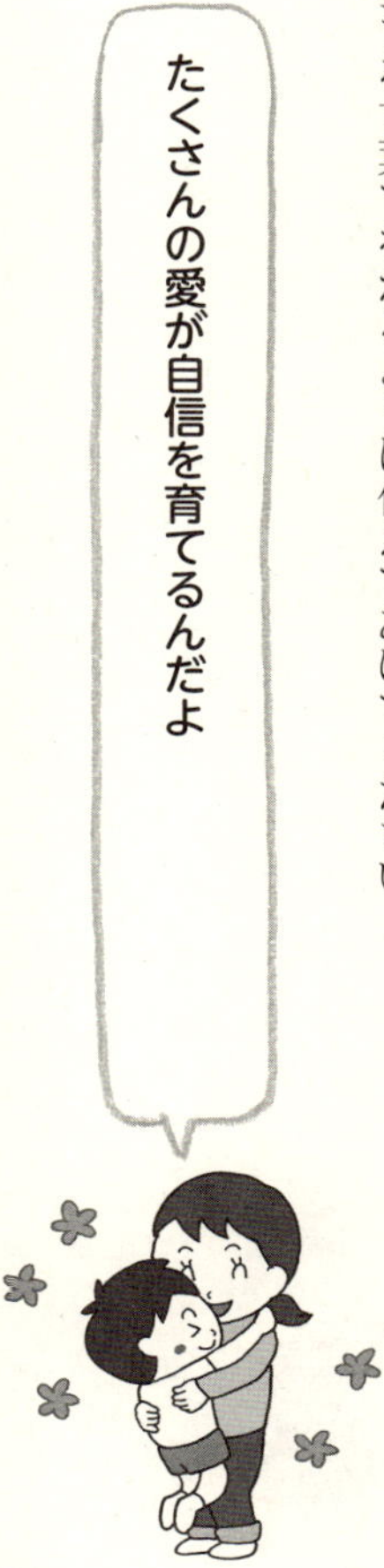

母親が子どもを信じると子どもは能力を発揮する

お母さんが**「大丈夫よ。あなたならできるわ」**と言えば子どもは必ずできるようになります。

お母さんは子どもと長い時間をともにしているので、子どもの良いところ悪いところというものが自分のことのようにわかり、子どもが失敗しそうになるとつい先手を打って、手助けしたくなるものです。子どもは、お母さんが「できないかもしれない」と思った瞬間に、成長の速度が遅くなります。逆に**お母さんが子どもの成功を信じて応援すると、成長の速度は早まる**のです。

体操技のブリッジを練習中の6歳の男の子がいました。私は、「毎日やってごらん。来週にはできるよ」と声をかけました。その子もお母さんも驚いたようで「えっ？来週にできるの？」「うそ〜、できないよ〜」信じられないといった様子でした。その子は帰り際に何度も、「ねえ、ほんとにできる？」「うそでしょ」としつこいくらいに聞いてきます。「絶対できるから毎日練習しておいで」と言うと「できなかったらうそつきだからね～」と大声で叫びながらうれしそうに帰っていきました。

そして1週間後、「きっとできるよね」と子どももわくわくしたような表情で挑戦し、そして見事できました。私をはじめ、お母さんたちも拍手喝さいです。あとからお母さんに、「先生、信じられません。どうしてできたんですか」と尋ねられました。

私は「みんなが、できると信じたからです」とお答えしました。

そう、**子どもは「できる」と信じることさえできれば、新しいことも2週間あれば習得してしまいます。**運動だけではありません。かけ算だって、漢字だって逆上がりだって自転車だって、今課題だと思っていることはすべて2週間あれば変化します。

大人の期待が子どもの成果をあげることをピグマリオン効果といいます。私が

「必ずできる」と言ったことで、お母さんも子どもも「できるかもしれない」と思い込みました。その思いが成功確率を上げたのです。

お母さんが子どもを信じていれば子どもは成果をあげていくものです。そして逆も同じです。「あなたはだめね」と言い続けるとほんとに子どもはだめになるのです。子どもは不安や緊張から解放された状態で最もやる気と根気を発揮します。**毎日長い時間一緒に過ごすお母さんがまず子どもを信頼し応援してあげてください。**

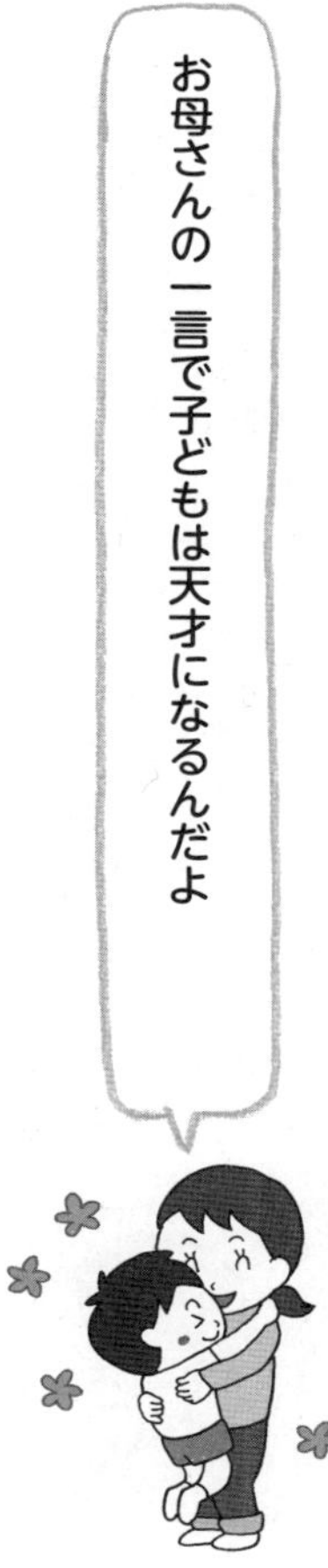
お母さんの一言で子どもは天才になるんだよ

父親の関心が、男の子の自信を強める

男の子にとって父親の影響は大きいものです。ただ、日中仕事でなかなか子どもと一緒にいてあげられないお父さんは、子どもがどんな友だちと遊んでいるのか、どんな遊びに興味があるのか、どんな食べ物が好きなのかなど、細かいことにはなかなか目がいかないもの。そんな環境でも存在感を発揮し、子どもの成長を後押しできるのにとっても有効で、しかも簡単な方法があります。

それは**関心を示すこと**です。

具体的には毎日子どもと顔を合わせたときに、とにかく子どもについて気づいたことを口に出して言ってみてください。例えばこんな感じです。

「今日は青い服だね」
「髪の毛を切って似合ってるよ」
「重そうな荷物だな。何が入っているんだい？」
「ずいぶん服が汚れているね。何をして遊んだの？」

「少し身長が伸びたみたいだね」
「ずいぶんたくさん本を読んでいるね。何を読んでいるの？」
「たくさん食べるね。大きくなるのかな」

特に意味のある言葉でなくてかまいません。ただ子どもをじっと見て、いつもとは違う変化について感じたことを率直に言ってあげるのがいいでしょう。これは前にもお伝えした**「承認」**という行為で、決してほめる必要はありません。

「青い服がかっこいいね」というとほめたことになりますが、「今日は青い服だね」「青い服が涼しげだね」といったように、単に気がついた変化を言葉にしたものや、感想を加えたものが有効です。

これは相手に**「いつも見ているよ」「いつも気にかけているよ」**という重要なメッセージを送ることになります。人は気にかけてもらっているということだけで、それをよりどころに努力する姿勢を身に付けることができます。

いつも一人はじのほうで静かに遊んでいる6歳の男の子がいました。挨拶《あいさつ》するときもあまり目を合わさず、友だちとも交流せず、いつも一人でいます。そこで私は承認の方法を試してみました。その男の子に毎回一言ずつ声をかけてみることにしたのです。

「髪の毛切ったんだね」「今日は早いね」「今日は元気がいいね」「今日は一人なんだね」

このように会話としてはそれほど意味のない言葉をさらっとかけただけでした。ところがこの言葉がけは効果てきめんだったのです。いつもお友だちから外れていた男の子は積極的とはいえないまでも少しずつお友だちに近づき、私との距離も近づいてきました。２カ月くらいすると、友だちの中にとけ込み、一緒に遊ぶようになりました。この効果には私も驚きました。それほど**関心を持ってもらうことが、子どものモチベーションを左右する**のです。

お父さんはつい、子どもと一緒にいなかった時間を穴埋めするために、「今日は何があったんだ？」「勉強頑張っているか？」「最近はどうだ？」などと唐突な質問をしてしまいますが、子どもも急に尋ねられても何から話していいのかわからないうえに、詮索《せんさく》されているようで楽しいものではありません。まずは気づいたことを言葉にし、子どもに対する関心を示してみてください。いろいろなことを話してくれるようになります。

男の子はお父さんから認めてもらいたいんだよ

× 唐突な質問で困らせてしまう

○ 気づきを率直に言ってあげる

子育てに迷ったら、とにかく子どもを抱きしめる

子育てに迷ったら、子どもが自ら成長する力を信じ、**7秒間しっかりと子どもを抱きしめてあげてください。**

抱きしめるという行為は子どもの心をリラックスさせ愛情で満たす効果があります。しかも7秒以上抱きしめると心を安定させるホルモンが分泌されるといわれています。1日1回必ず7秒間しっかりと抱きしめてあげてください。子どもが嫌がるようになったら、もう愛情は十分だという合図です。

子どもに限らず人というものは心が愛情で満たされたときに最高の幸福感を味わい、最も能力を発揮できる状態であるといわれています。子どもというものは時に、親の思う通りには育たないものです。けれども信頼し見守り続ければきっと子ども自身の力で道を切り開き、成長していくものです。

子どもは成長の過程で小さなステップを上がろうともがくことが時折あります。そのたびに周りを巻き込んで感情的になったり、問題行動を起こして親を困らせたりするものですが、どんな行為も子どもにとって成長のためのステップであり、必要な過程です。

どう対応していいのか迷ったら7秒間しっかりと抱きしめてください。

そして、**「大丈夫。あなたならできる」と声をかけてあげてください。**何よりも効果のあるマジックワードです。

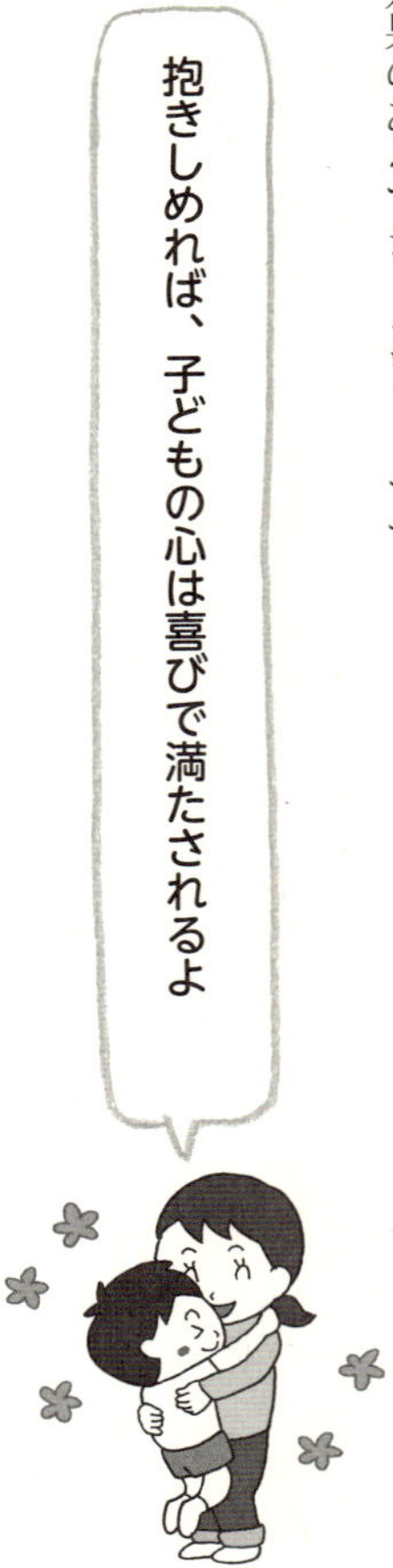
抱きしめれば、子どもの心は喜びで満たされるよ

おわりに

多くの子どもと接してきたからこそ、はっきりと言えることがあります。

それは、子どもは誰もが素晴らしい才能を持っているということ。6歳までに自分で自分の道を切り開く能力さえ身に付けておけば、もともと持っている素晴らしい才能を生かして、必ず自分の道を探しだします。

ただ、1つだけ覚悟してほしいことがあります。それは、どんな子も残念ながら一生いい子でいることはない、ということです。子どもは、必ず親を困らせたり、悩ませたりするものです。それは、どんないい子でも、です。お友だちをいじめたり、忘れものばかりして先生に親が注意されたり、学校に行かなくなったり。

でも、そのような問題を起こすときは、子どもが成長しようとしているときなのです。私が出会った子ども達は、さまざまな問題を起こしたあと、必ず一段たくましくなって元気に成長していきました。人と話せず社会生活が難しかった子が、わずか半年で見違えるように主体性を発揮しだしたこともあります。多動で乱暴で、何年も親を悩ませた子が、数年経って信じられないほど落ち着いたやさしい子になり、創作などの分野で数々の賞を受賞し能力を発揮したこともありました。

子どもは「学ぶ力」と「社会を生き抜く力」さえしっかりと身に付ければ、必ずたくましく幸せな人生を送ります。

本書の7つのステップを身に付けることで、子どもと親がともに学び成長し続け、豊かな人生を歩むきっかけになれば幸いです。

著者

竹内エリカ（たけうち えりか）
幼児教育者・淑徳大学非常勤講師。一般財団法人日本キッズコーチング協会理事長。2児の母。
お茶の水女子大学大学院人文科学研究科修士課程修了。20年にわたって子どもの心理、教育、育成について研究し、これまで乳児から大学生まで約12,000人を指導してきた。発達支援では多動症・不登校の克服、運動指導では全国規模の大会で第1位他、14賞のコーチ実績がある。「あそび学」を専門にし、あそびによる発達診断、プレイセラピー、運動支援プログラムの研究開発・執筆に携わり、海外での教育国際会議の研究発表などにも参加する。保育・幼児教育関係者への講演活動なども精力的に行う。結婚・出産をきっかけに子どもの育成と母親への支援を目的として一般財団法人日本キッズコーチング協会を設立。発達心理・表現教育・行動科学の専門家の協力を得て、0歳から6歳までの子どもの認知特性を活かした指導法キッズコーチング法を考案、実践する。近年は、「元気の天才を育成する」を合言葉にキッズコーチング資格認定・発達カウンセリング・支援プログラムの開発を中心に活動している。FMラジオ「わくわく子育てcafé」のパーソナリティーも務める。

中経の文庫

男の子の一生を決める　0歳から6歳までの育て方

2015年 8 月30日　第1刷発行
2017年 7 月25日　第10刷発行

著　者　竹内エリカ（たけうち えりか）
発行者　川金正法
発　行　株式会社KADOKAWA
〒102-8177 東京都千代田区富士見2-13-3
03-3238-8521（カスタマーサポート）
http://www.kadokawa.co.jp/

DTP ニッタプリントサービス　印刷・製本 錦明印刷

落丁・乱丁本はご面倒でも、下記KADOKAWA読者係にお送りください。

送料は小社負担でお取り替えいたします。

古書店で購入したものについては、お取り替えできません。

電話049-259-1100（9:00～17:00／土日、祝日、年末年始を除く）

〒354-0041 埼玉県入間郡三芳町藤久保550-1

ISBN978-4-04-601348-4　C0137